ViktoriaSarina

FLUFFIG, KNUSPRIG, BUNT

Rezepte, die Spaß machen

Spring in eine Pfütze!

Fluffig, knusprig, bunt

Rezepte, die Spaß machen

ViktoriaSarina

Community EDITIONS

INHALT

Vorwort

Hallo an alle Back- und Kochbegeisterten und die, die es noch werden wollen.

Wenn du es liebst, lecker zu essen und zu naschen, bist du hier schon mal richtig.

Backen und Kochen sind Handwerke, die man lernen kann. In diesem Buch findest du viele Tipps, Tricks und Ideen. Die Übung kommt von ganz alleine und macht den Meister aus dir.

Das Wichtigste ist aber, dass es dir Spaß macht. Und das tut es vor allem, wenn man gemeinsam in der Küche steht – mit der Familie oder Freunden.

Es gibt immer einen Anlass, um lecker zu kochen und zu backen. Und jeder freut sich gleich doppelt, wenn die Mahlzeit auch hübsch anzusehen ist. Zuckersüß an Muttertag, mit Wow-Effekt zum Geburtstag und gruselig an Halloween.

Dieses Buch begleitet dich das ganze Jahr über zu allen Anlässen oder auch zwischendurch, wenn es einfach nur schnell gehen soll.

Viel Spaß beim Ausprobieren, Nachmachen und Selbstkreieren.

Das wird fluffig, knusprig und bunt. Guten Appetit!

BEVOR DU ANFÄNGST

Du willst sofort loslegen? Können wir gut verstehen. Damit aber alles gut funktioniert, hier ein paar Tipps zur Vorbereitung:

- Lies dir das Rezept einmal komplett durch, bevor du startest.
- Lege dir alle Zutaten und Geräte bereit, damit du später nicht lange suchen musst. Wenn du magst, kannst du die Zutaten auch schon abwiegen.
- Bei schwierigen Schritten oder wenn du Fragen hast, lass dir von jemandem helfen.
- Hab Spaß! Es ist gar nicht schlimm, wenn nicht immer alles perfekt aussieht – Hauptsache, es schmeckt!

»Kuchen aus dem Ofen holen, Wasser kochen oder etwas schneiden – ein Erwachsener hilft dir sicher gern dabei!«

Die Temperaturangaben in den Rezepten beziehen sich immer auf einen ganz normalen Backofen, bei dem du Ober- und Unterhitze einstellst – außer wir haben etwas anderes angegeben. Wenn dein Backofen nur Umluft kann, dann zieh ca. 20 °C ab, also zum Beispiel statt 180 °C bei Ober- und Unterhitze, 160 °C bei Umluft.

Das ist das Symbol für Umluft: 

Das ist das Symbol für Ober- und Unterhitze: 

Diese Abkürzungen solltest du kennen:

- mg steht für Milligramm
- g steht für Gramm
- kg steht für Kilogramm
- ml steht für Milliliter
- l steht für Liter
- TL steht für Teelöffel
- EL steht für Esslöffel

DAS BRAUCHST DU ZUM BACKEN UND KOCHEN

Du brauchst gar nicht viel für die Rezepte in diesem Buch. Das meiste hast du bestimmt sowieso schon! Damit du aber später nicht auf die Suche gehst, findest du hier die wichtigsten Backutensilien und -geräte:

Hacks und Tipps

Bei uns ist schon so einiges schiefgegangen, aber wir haben auch viele Tipps, wie man es sich einfacher machen kann – vielleicht ist ja auch etwas für dich dabei!

Den Boden einer Springform mit BACKPAPIER zu bespannen, klingt erst mal schwierig, ist aber eigentlich ganz easy. Lege einen Bogen Backpapier auf den Boden einer Springform und knicke das überstehende Papier nach unten. Lege nun den Rand der Form um den Boden und verschließe ihn – und fertig!

Den EIDOTTER vom EIWEIß zu TRENNEN, kann ganz schön knifflig sein. Aber dafür gibt es einen einfachen Trick: Alles, was du brauchst, ist eine leere Plastikflasche. Öffne das Ei und gib es vorsichtig in eine Schale oder Tasse. Achtung: Das Eigelb darf dabei nicht kaputtgehen! Jetzt kannst du die Flasche ein bisschen zusammendrücken und die Öffnung vorsichtig an das Eigelb anlegen. Indem du die Flasche nun langsam wieder loslässt, saugst du das Eigelb in die Flasche. Oder wie wäre es mit einem Trichter? Das Eiweiß rinnt durch die schmale Öffnung und der Dotter bleibt im Trichter hängen. Easy, oder?

Manchmal klappt das mit dem STEIFSCHLAGEN DES EIWEIßES einfach nicht. Aber woran kann es liegen? Es dürfen keine Eigelbreste im Eiweiß sein! Auch sollten Rührschale und Rührstäbe komplett fettfrei sein. Pro-Tipp: Gib 1 Prise Salz hinzu.

Mini-Hack für besonders FLUFFIGE KUCHEN: Anstatt Mehl und Speisestärke direkt aus der Packung in den Teig zu mischen, siebe beides vorher.

Basic-Tipp: BUTTER und Margarine sollten immer Zimmertemperatur haben, bevor sie verarbeitet werden. So klappt das Mixen viel leichter!

Kennst du schon die STÄBCHENPROBE? Wenn du dir unsicher bist, ob der Teig im Backofen schon durchgebacken ist, dann pikse mit einem kleinen Holzspieß oder einem Zahnstocher hinein. Wenn Teig daran kleben bleibt, braucht der Kuchen noch ein paar Minuten. Wenn nicht, ist er READY!

Wer kennt es nicht? Beim ZWIEBELSCHNEIDEN kullert schon mal die eine oder andere Träne. Es gibt 3 einfache Tipps, um das zu vermeiden:

- Taucherbrille! Richtig gehört. Die Taucherbrille ist nicht nur unter Wasser praktisch, sondern verhindert auch das unangenehme Brennen in den Augen, wenn du Zwiebeln schneidest.
- Nimm doch einfach mal einen Schluck Wasser in den Mund, während du die Zwiebel zerkleinerst. Aber nicht herunterschlucken! Warum das klappt, ist nicht wirklich geklärt, aber viel wichtiger ist doch, dass es funktioniert! :D
- Lege die Zwiebel für 10 Minuten in Wasser, bevor du sie schneidest. Dann bleiben alle Augen trocken.

LEBENSMITTELRESTE sind nicht immer gleich ein Fall für die Biotonne. Wir haben ein paar Ideen für euch, was ihr daraus machen könnt:

- Aus Obst können leckere Smoothies gemixt werden. Auch angeschlagenes oder labbriges Obst schmeckt als Saft supererfrischend und ist gesund!
- Nicht mehr knackiges Gemüse eignet sich gut für einen Nudelauflauf. Und wenn noch Käseüberbleibsel im Kühlschrank zu finden sind – einfach reiben und drüberstreuen.
- Zu viel Reis gekocht? Bloß nicht wegwerfen, sondern als Suppeneinlage verwenden. So schmeckt Reis auch noch am nächsten Tag gut.
- Wenn 1 oder 2 Stücke Kuchen übrig bleiben, kannst du sie ganz einfach einfrieren. Oder du verwandelst die Kuchenreste zu Cake Pops. Eine genaue Anleitung dazu gibt es auf Seite 17.

Mit nur 5 Zutaten

MIT FRISCHKÄSEGLASUR NOCH BESSER …

hmmm

Wie hat es dir geschmeckt? ☆☆☆☆☆

Fluffige Zimtschnecken

FÜR 12 STÜCK

Zubereitungszeit: 30 Minuten
Ruhezeit: 1 Stunde 45 Minuten
Backzeit: 25 Minuten

1. 250 g Mehl + mehr zum Arbeiten
2. ½ Päckchen Trockenhefe
3. 30 g + 2 EL Zucker
4. 75 g weiche Butter + mehr für die Form
5. 2 TL Zimtpulver

AUSSERDEM:

1 Prise Salz

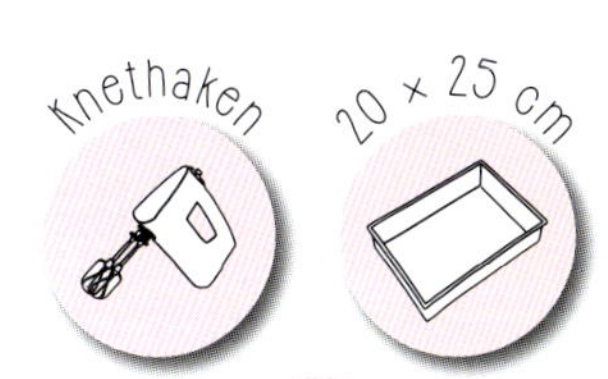

SO GEHT'S:

1. Vermische Mehl, Hefe, Salz und 30 g Zucker in einer Schüssel miteinander. Gib anschließend 125 ml lauwarmes Wasser und 25 g Butter dazu und verknete alles mit den Knethaken des Handrührgeräts zu einem elastischen Teig. Decke ihn ab und stell den Teig zum Gehen für 15 Minuten an einen warmen Ort.

2. Mische inzwischen für die Füllung die restlichen 2 EL Zucker mit dem Zimt und fette die Backform mit Butter aus.

3. Rolle den Teig auf der leicht bemehlten Arbeitsfläche mit dem Nudelholz 1 cm dick aus. Bestreiche ihn anschließend mit der restlichen Butter (50 g), streue den Zimtzucker darüber und rolle den Teig auf. Schneide von der Rolle 12 gleich große Stücke ab und lege sie in die Form. Decke diese ab und stell sie noch mal für 1 Stunde an einen warmen Ort.

4. Heize den Ofen bei Ober-/Unterhitze auf 180 Grad vor. Ab mit den Zimtschnecken in den Ofen: Backe sie 25 Minuten. FERTIG!

TIPP

Wenn du Milch im Kühlschrank hast, verwende sie anstelle des Wassers, das macht den Teig besonders fluffig. Und superschnell gehen die Zimtschnecken mit Pizzateig aus dem Kühlregal. Dann nur mit Butter bestreichen und mit Zimtzucker bestreuen. Aufrollen, schneiden und backen. Gehen muss der Teig gar nicht mehr!
Lust auf eine Glasur? Verrühre 150 g Frischkäse mit 2–3 EL Puderzucker und verstreiche die Mischung auf den warmen Zimtschnecken.

Cremig gefüllte Ofenkartoffel

FÜR 2 PORTIONEN

Zubereitungszeit: 20 Minuten
Garzeit: 45-60 Minuten

1. 2 große mehligkochende Kartoffeln
2. 6 Radieschen
3. 1 Handvoll Kirschtomaten
4. ½ Bund Schnittlauch
5. 4 EL Crème fraîche

AUSSERDEM:

Salz, Pfeffer

SO GEHT'S:

1. Heize den Ofen bei Ober-/Unterhitze auf 180 Grad vor.

2. Wasche die Kartoffeln und trockne sie ab. Lege sie anschließend in eine ofenfeste Form und backe sie 45-60 Minuten im Ofen, bis sie ganz weich sind, wenn man mit einem Zahnstocher hineinsticht.

3. Während die Kartoffeln backen, kannst du die Radieschen, die Tomaten und den Schnittlauch waschen. Schneide die Radieschen in kleine Stücke und halbiere die Tomaten. Verwende eine Küchenschere, um den Schnittlauch klein zu schneiden.

4. Verrühre die Crème fraîche mit etwas Salz und Pfeffer.

5. Die fertigen Kartoffeln (Vorsicht, heiß!) halb aufschneiden und etwas aufdrücken. Fülle sie mit Crème fraîche, Gemüse und Schnittlauch. FERTIG!

»Ein leckerer Tipp von uns: Erhitze gefrorene Himbeeren unter Rühren in einem Topf und serviere sie als warme Fruchtsauce zu den Röllchen. Hmmm!«
Yummy

Nuss-Nugat-Röllchen

FÜR 2 PORTIONEN

Zubereitungszeit: 15 Minuten
Garzeit: 10 Minuten

1. *6 Scheiben Toastbrot*
2. *6 TL Nuss-Nugat-Creme*
3. *1 Ei*
4. *1 Schuss Milch*
5. *1 Packung Vanillezucker*

AUSSERDEM:

Pflanzenöl zum Ausbacken

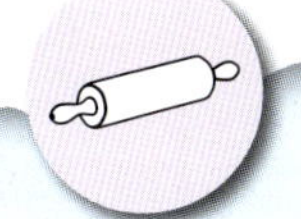

SO GEHT'S:

1. Schneide den Rand vom Toast ab und rolle die Brotscheiben mit dem Nudelholz dünn auf der Arbeitsfläche aus. Bestreiche sie mit der Nuss-Nugat-Creme und rolle sie ein.

2. Verquirle das Ei mit der Milch und dem Vanillezucker mit dem Schneebesen in einer Schale.

3. Erhitze etwas Öl in einer Pfanne. Wende die Brotröllchen in der Eimischung und brate sie von allen Seiten in der Pfanne an.

TIPP

Kirschen aus dem Glas sind oft gezuckert, so brauchst du nichts mehr zuzugeben. Das Kompott schmeckt auch kalt super, du kannst es im Voraus kochen und 3-4 Tage im Kühlschrank aufbewahren.

Warmer Milchreis mit Kirschen

FÜR 4 PORTIONEN

Zubereitungszeit: 20 Minuten
Garzeit: 20 Minuten

FÜR DEN MILCHREIS

1. *1 l Milch*
2. *2 EL Vanillezucker*
3. *250 g Milchreis*

AUSSERDEM:

1 Prise Salz

FÜR DAS KOMPOTT

4. *1 Glas Kirschen (Abtropfgewicht 350 g)*
5. *3 TL Speisestärke*

SO GEHT'S:

1. Bringe die Milch mit Salz und Vanillezucker in einem Topf zum Kochen. Gib den Milchreis dazu und rühre so lange, bis alles erneut kocht.

2. Stell anschließend den Herd auf die niedrigste Stufe und lass den Reis abgedeckt 20 Minuten köcheln. Rühre dabei ab und zu um, damit nichts am Boden ansetzt. Nimm anschließend den Milchreis vom Herd und lass ihn abgedeckt 15 Minuten quellen.

3. Inzwischen kannst du für das Kompott die Kirschen in einem Sieb abtropfen lassen. Fange dabei den Saft in einer Schüssel darunter auf. Verrühre 1 EL vom Kirschsaft mit der Speisestärke in einer kleinen Schale.

4. Bringe den übrigen Saft in einem Topf zum Kochen. Nimm ihn kurz vom Herd, rühre die angerührte Speisestärke mit dem Schneebesen unter und stell den Topf wieder auf den Herd. Lass die Mischung 1 Minute unter Rühren köcheln. Rühre zum Schluss die Kirschen unter, fertig ist das Kompott.

5. Verteile den Milchreis auf Schalen und richte das Kompott darauf an.

Knusprige Gemüsechips

FÜR 2 PORTIONEN

Zubereitungszeit: 20 Minuten
Garzeit: 3-4 Stunden

1. *2 Möhren*
2. *2 festkochende Kartoffeln*
3. *2 kleine Zucchini*

AUSSERDEM:

Pflanzenöl
Salz

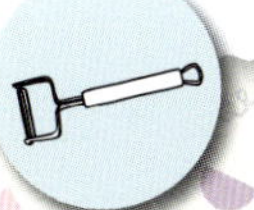

SO GEHT'S:

1. Wasche das Gemüse und schäle Möhren und Kartoffeln. Schneide nun alles in möglichst feine Scheiben, das geht prima mit einem Gemüseschäler oder -hobel.

2. Mische jede Sorte mit 1-2 TL Öl und verteile das Gemüse separat auf Backblechen. Achte darauf, dass die Scheiben sich nicht überlappen, sonst gibt es keine knusprigen Chips, sondern weiche Matsche!

3. Schalte den Backofen bei Umluft auf 65 Grad – Vorheizen ist nicht nötig. Schiebe alle 3 Bleche in den Ofen und trockne die Gemüsescheiben 3-4 Stunden. Je nachdem, welche Dicke sie haben, kann es kürzer oder länger dauern, bis sie kross sind. Probiere einfach zwischendurch ein paar Chips.

4. Streue zum Schluss etwas Salz darüber. FERTIG!

Wie hat es dir geschmeckt? 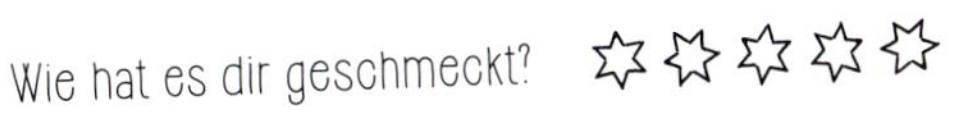

TIPP

Mit der Zeit werden die Chips weicher, dann einfach im Backofen bei 180 Grad kurz aufbacken und weiterknuspern!

OMG

S'Mores – Marshmallowsandwich mit flüssigem Kern

FÜR 2 PORTIONEN

Zubereitungszeit: 10 Minuten

1. *8 salzige Cracker (oder Vollkornbutterkekse)*
2. *4 Stücke Lieblingsschokolode*
3. *4 große weiße Marshmallows*

SO GEHT'S:

1. Heize die Grillfunktion des Backofens auf 230 Grad vor und lege ein Blech mit Backpapier aus.
2. Belege 4 Cracker mit je einem Stück Schokolade und 1 Marshmallow. Setze sie auf das Backblech und überbacke sie 1–2 Minuten im oberen Drittel des Ofens.
3. Toppe sie mit den übrigen Crackern und serviere sie direkt. HMMM!

Wie hat es dir geschmeckt? ☆☆☆☆☆

TIPP

Auf einer Grillparty kannst du die Marshmallows auf Spieße stecken, kurz über die Glut halten und mit Schoki zwischen die Cracker packen.

Zuckersüßer Regenbogen

TIPP

Besorge reichlich Schokolinsen, damit du genug passende Farben für deinen Regenbogen hast. Die übrigen musst du dann wohl leider naschen.

Regenbogenkuchen

FÜR 12 STÜCKE

Zubereitungszeit: 50 Minuten
Backzeit: 45 Minuten
Kühlzeit: 2-3 Stunden

FÜR DEN KUCHEN

5 Eier
150 ml Pflanzenöl
1 TL Vanilleextrakt (kannst du auch weglassen)
1 Prise Salz
150 g Apfelmus
80 g Zucker
100 ml Milch
350 g Mehl
1 Päckchen Backpulver

FÜR CREME UND DEKO

350 ml Milch
30 g Vanillepuddingpulver
2 EL Zucker
175 g weiche Butter
1 Prise Salz
blaue Lebensmittelfarbe (fettlöslich)
2-3 Packungen bunte Schokolinsen
12 große weiße Marshmallows

21 cm

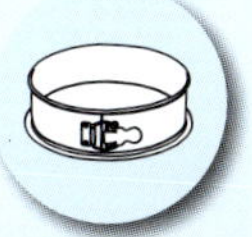

SO GEHT'S:

1. Heize den Ofen bei Ober-/Unterhitze auf 180 Grad vor. Bespanne den Boden der Springform mit Backpapier (siehe Seite 10).

2. Verrühre die Eier mit Öl, Vanille, Salz, Apfelmus, Zucker und Milch mit dem Schneebesen in einer Schüssel. Siebe Mehl und Backpulver dazu und hebe es unter. Fülle den Teig in die Form und backe ihn 15 Minuten.

3. Inzwischen kannst du schon mal für die Creme 4 EL Milch mit dem Puddingpulver in einer Schale verrühren. Bringe die übrige Milch mit dem Zucker in einem Topf zum Kochen. Nimm ihn kurz vom Herd, rühre das angerührte Puddingpulver mit dem Schneebesen unter. Dann wird das Ganze wieder erhitzt und soll 1 Minute unter Rühren köcheln. Nimm anschließend den Pudding vom Herd, er soll nun Zimmertemperatur annehmen. Das ist ganz wichtig!

4. Schlage dann Butter und Salz mit dem Handrührgerät in einer Schüssel in 3 Minuten cremig auf. Gib den Pudding nach und nach dazu und rühre ihn unter, dann färbst du die Creme mit etwas Lebensmittelfarbe blau.

5. Hol dir für diesen Schritt besser Hilfe: Löse den Kuchen mit einem Messer vom Rand der Form und hebe ihn heraus. Den kleinen Hubbel oben abschneiden. Teile den Kuchen so, dass du 2 Halbkreise hast.

6. Bestreiche einen Halbkreis mit etwas Creme, darauf kommt der zweite Halbkreis. Stell den Kuchen nun auf die Schnittflächen auf eine Platte und bestreiche ihn mit der übrigen Creme. Jetzt kommen die Regenbogenfarben ins Spiel: Setze die Schokolinsen nach Farben sortiert der Rundung entlang in die Creme, sodass ein Regenbogen entsteht. An beiden Enden des Regenbogens die Marshmallows als Wolken andrücken, fertig ist das Kunstwerk!

Regenbogen-Eis-Pops

FÜR 8 STÜCK

Zubereitungszeit: 20 Minuten
Kühlzeit: 2 Stunden

150 g Tiefkühl-Heidelbeeren
100 g Erdbeeren
100 g Himbeeren
1 reife Mango
2 reife Kiwis
Zucker nach Geschmack

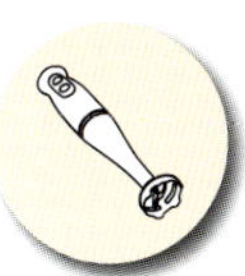

SO GEHT'S:

1. Fülle die Heidelbeeren für die blaue Schicht in eine Schale und lass sie etwas antauen.

2. Inzwischen kannst du für die rote Schicht die Erd- und Himbeeren waschen und die Erdbeeren vom Grün befreien. Püriere beides mit dem Pürierstab in einem hohen Mixbecher.

3. Lass dir von einem Erwachsenen dabei helfen, die Mango für die gelbe Schicht zu schälen und das Fruchtfleisch vom Stein zu schneiden. Auch dieses pürierst du zu einer feinen Masse.

4. Jetzt schälst du noch die Kiwis für die grüne Schicht. Halbiere sie und schneide den weißen »Strunk« heraus. Zerdrücke das Fruchtfleisch mit einer Gabel.

5. Püriere nun noch die Heidelbeeren, dann bist du startklar fürs Schichten.

6. Vorher kannst du aber die Fruchtpürees nach Geschmack noch mit etwas Zucker süßen. Fülle dann die Farben nacheinander in Formen für Eis am Stiel: Blau, Rot, Gelb und Grün – oder in der Reihenfolge, wie du magst. Gib das Ganze für mindestens 2 Stunden ins Gefrierfach. Halte die Formen anschließend zum Herauslösen kurz unter warmes Wasser. Dann kann losgeschleckt werden!

Wie hat es dir geschmeckt? ☆☆☆☆☆

MIT BUNTER
Überraschung
IM INNEREN ...

TIPP

Du kannst die Creme nach Punkt 3 auch in deiner Lieblingsfarbe einfärben. Einfach ganz wenig Lebensmittelfarbe oder bunte Zuckerschrift unterrühren. Tadaaa!

Eine bunte Überraschung

FÜR 8 STÜCKE

Zubereitungszeit: 1 Stunde
Backzeit: 20 Minuten
Kühlzeit: 13-14 Stunden

FÜR DEN KUCHEN

6 Eier
1 Prise Salz
160 g Zucker
180 g Mehl
1 TL Backpulver

FÜR CREME UND DEKO

200 g weiche Butter
150 g Puderzucker
200 g Frischkäse
2-3 EL Konfitüre (was du magst)
100 g bunte Schokolinsen
4 EL bunte Zuckerstreusel

2x 18 cm

SO GEHT'S:

1. Heize den Ofen bei Ober-/Unterhitze auf 180 Grad vor. Bespanne den Boden der beiden Springformen mit Backpapier (siehe Seite 10). Falls du keine 2 Formen hast, kannst du die Böden auch nacheinander backen und den Teig einfach solange im Kühlschrank aufbewahren.

2. Verrühre die Eier mit Salz, Zucker und 1 EL heißem Wasser etwa 3 Minuten mit einem Handrührgerät in einer Schüssel. Siebe Mehl und Backpulver dazu und hebe es mit dem Schneebesen unter. Achte aber darauf, dass du nicht zu viel rührst! Verteile den Teig dann auf die Formen und backe ihn 20 Minuten. Jetzt brauchst du etwas Geduld, denn die Böden sollen auskühlen, am besten über Nacht.

3. Schlage am nächsten Tag die Butter für die Creme mit dem Handrührgerät in einer Schüssel in 3 Minuten schaumig. Den Puderzucker ebenfalls 3 Minuten einrühren. Mische anschließend nach und nach den Frischkäse kurz unter.

4. Für den nächsten Schritt holst du dir besser Hilfe, es wird etwas knifflig: Löse die Teigböden mit einem Messer vom Rand und hebe sie heraus. Den kleinen Hubbel oben abschneiden. Teile jeden Boden waagerecht, sodass du 4 Böden hast. Schneide aus 2 Böden in der Mitte einen 6 cm großen Kreis aus.

5. Bestreiche einen Boden (ohne Loch) mit 1 EL Konfitüre und 2 EL Creme. Darauf kommt ein Boden mit Loch. Diesen bestreichst du nun wieder mit Konfitüre und Creme. Den zweiten Boden mit Loch drauflegen und bestreichen. Fülle nun die Schokolinsen in das Loch und lege den letzten Boden darauf. Die übrige Creme verstreichst du noch außen und oben auf dem Kuchen. Als Deko kommen ein paar Streusel drauf, 1-2 Stunden kalt stellen und FERTIG!

Wie hat es dir geschmeckt? ☆☆☆☆☆

Farbenfrohes Partypopcorn

FÜR 2-3 PORTIONEN

Zubereitungszeit: 10 Minuten
Garzeit: 5 Minuten

120 g Popcorn-Mais
2 EL Pflanzenöl
1-2 EL Zucker
gelbe, rote, grüne und blaue Lebensmittelfarbe (in Pulverform)

SO GEHT'S:

1. Bitte für dieses Rezept lieber einen Erwachsenen um Hilfe, es wird etwas knifflig. Mische Mais, Öl und Zucker in einem breiten Topf mit Deckel. Wenn der Deckel aus Glas ist, kannst du beobachten, wie die Maiskörner aufpoppen.

2. Schalte den Herd auf höchste Stufe. Sobald die Körner beginnen aufzuplatzen, stell den Herd auf mittlere Hitze herunter. Rüttle immer mal wieder am Topf, damit nichts anbrennen kann.

3. Sind fast keine »Flopps« mehr zu hören? Dann nimm den Topf vom Herd und fülle je ein Viertel des Popcorns in eine Box oder Dose, gib je etwas Farbpulver dazu, Deckel drauf und gut schütteln! Jetzt kannst du die einzelnen Farben wieder vermischen oder getrennt naschen. FILM AB!

TIPP

Verwende unbedingt Pulverfarben, damit sich alles gut mischt. Flüssige Farben und Pasten lassen sich nicht gut im Popcorn verteilen und bilden Klümpchen.

Fruchtbombe!

Bunter Obstsalat

FÜR 2-3 PORTIONEN

Zubereitungszeit: 30 Minuten
Kühlzeit: 1-2 Stunden
(kein Muss)

FÜR DEN SALAT

250 g rote Trauben
2 Pfirsiche
250 g Erdbeeren
200 g Heidelbeeren
150 g Himbeeren
2 Kiwis
3 Orangen
2 TL Honig

FÜR DIE CREME

200 g Sahne
1 EL Vanillezucker
200 g Schmand

SO GEHT'S:

1. Wasche Trauben, Pfirsiche und Beeren. Zupfe die Trauben ab. Schäle die Kiwis und schneide sie in Scheiben. Halbiere die Erdbeeren und entferne dabei das Grüne. Um die Pfirsiche zu entsteinen und die Orangen zu schälen, holst du dir am besten Hilfe von einem Erwachsenen. Dabei werden 2 Orangen so mit einem Messer geschält, dass die gesamte Schale (auch das innere Weiße) entfernt ist. Schneide nun die Orangen in Scheiben und die Pfirsiche in Spalten. Presse den Saft der dritten Orange aus.

2. Jetzt geht's ans Schichten in eine große Glasschüssel (damit man auch von außen die bunten Farben sieht): Starte mit Heidelbeeren, dann kommen Trauben, Kiwischeiben, Pfirsichspalten, Orangenscheiben, Himbeeren und Erdbeeren.

3. Verrühre den Orangensaft mit dem Honig und gieße die Mischung über die Früchte. Und ab in den Kühlschrank!

4. Schlage nun für die Creme die Sahne mit dem Vanillezucker mit dem Handrührgerät in einem hohen Mixbecher steif. Dann noch kurz den Schmand unterschlagen. Verteile die Creme auf dem Obstsalat. Nun kannst du ihn sofort servieren oder noch mal für 1-2 Stunden in den Kühlschrank stellen, dann ist er besonders erfrischend. Toll an heißen Sommertagen!

TIPP

Achte unbedingt darauf, dass kein Wasser in die Schokolade kommt, dadurch verklumpt sie und lässt sich nicht mehr schön verteilen.

Galaxy-Schokolade

FÜR 1 GROSSE TAFEL

Zubereitungszeit: 30 Minuten

3 Tafeln weiße Schokolade
rote, gelbe, grüne und blaue Lebensmittelfarbe (fettlöslich)
bunte Zuckerperlen und -streusel (einfach alles, was nach Regenbogen aussieht)

5x

SO GEHT'S:

1. Zum Schmelzen der Schokolade brauchst du 5 hitzebeständige Gläser (z. B. Marmeladen- oder Weckgläser). Fülle einen breiten Topf, in dem die Gläser bequem Platz haben, 2 cm hoch mit Wasser. Lege auf den Boden ein gefaltetes Küchentuch, darauf kommen die Gläser. Das Tuch ist dazu da, dass die Gläser nicht zu sehr rütteln. Sie sollten so hineinpassen, dass sie nicht aneinanderstoßen. Keine Angst, dem Tuch geschieht dank des Wassers nichts.

2. Verteile nun die Schoki gleichmäßig auf die Gläser. Schalte den Herd auf mittlere Hitze und lass die Schoki unter Rühren schmelzen.

3. Nimm den Topf vom Herd, wenn alles geschmolzen ist, und mische in 4 Gläser je etwas von der Lebensmittelfarbe.

4. Nimm nun vorsichtig ein Glas nach dem anderen aus dem Topf, trockne es außen mit einem Küchentuch ab und gib die Schoki klecksweise auf 1 Bogen Backpapier. Ziehe dann mit einem Löffelstiel Schlieren zwischen den einzelnen Farben, das ergibt einen tollen Marmoreffekt. Streue zum Schluss nach Lust und Laune Zuckerperlen und Streusel auf die Schokoladenschicht und lass sie fest werden. Brich die Schoki anschließend in große Stücke.

Wie hat es dir geschmeckt? 

Leckere Kuchen ohne Backofen

CREMIG,
sahnig

Easy cheesy Cheesecake

FÜR 8 STÜCKE

Zubereitungszeit: 30 Minuten
Kühlzeit: 2-3 Stunden

FÜR DEN BODEN

150 g Butterkekse

1 verschließbarer Gefrierbeutel

75 g Butter

FÜR DIE CREME

400 g Frischkäse

250 g Mascarpone

1 TL Vanilleextrakt (oder 2 TL Vanillezucker)

Saft von 1 Zitrone

100 g Zucker

100 ml Milch

1 leicht gehäufter TL Agar-Agar

FÜR DAS TOPPING

200 g Tiefkühl-Heidelbeeren

SO GEHT'S:

1. Bespanne den Boden der Springform mit Backpapier (siehe Seite 10). Gib die Kekse in einen Gefrierbeutel und verschließe diesen. Nun kannst du die Kekse mit den Fäusten oder einem Nudelholz zerkrümeln. Attacke!

2. Lass die Butter bei kleiner Hitze in einem Topf schmelzen. Mische die Brösel dann unter die Butter und verteile die Masse auf dem Springform-Boden. Glatt streichen und mit den Händen gut andrücken. Jetzt ab in den Kühlschrank mit der Form.

3. Verrühre Frischkäse, Mascarpone, Vanilleextrakt, Zitronensaft und Zucker mit dem Schneebesen in einer Schüssel.

4. Verrühre nun in einem kleinen Topf Milch und Agar-Agar und erhitze die Mischung unter Rühren, bis sie kocht. Alles 1 Minute köcheln, dann kurz abkühlen lassen und unter die Frischkäsecreme rühren. Jetzt kommt die Creme auf den Krümelboden. Streiche alles mit dem Kochlöffel schön glatt. Und wieder ab in den Kühlschrank – der Kuchen soll dort in 2–3 Stunden fest werden.

5. Inzwischen können die Heidelbeeren auftauen. Püriere sie anschließend mit dem Pürierstab in einem hohen Mixbecher. Jetzt muss nur noch die Beerensauce auf den Cheesecake. FERTIG!

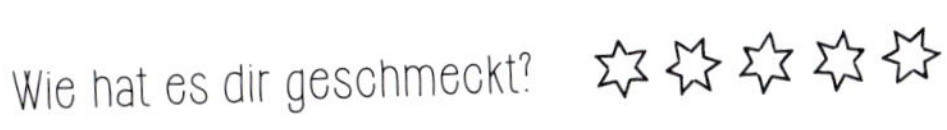

TIPP

Die Kekse lassen sich übrigens auch gut mit einem Messer zurechtschneiden, wenn sie nicht ganz in die Form passen.

Vanillige Butterkeksschnitten

FÜR ETWA 16 STÜCKE

Zubereitungszeit: 30 Minuten
Kühlzeit: 3-4 Stunden

800 ml Milch
2 Päckchen Vanillepudding-pulver
3-4 EL Zucker
1 Packung Butterkekse
250 g Sahne
2 EL Vanillezucker
1 Päckchen Sahnesteif
Kakaopulver

SO GEHT'S:

1. Verrühre 100 ml Milch mit dem Puddingpulver in einer kleinen Schale. Bringe die übrige Milch mit dem Zucker in einem Topf zum Kochen. Nimm ihn kurz vom Herd, rühre das angerührte Puddingpulver mit dem Schneebesen unter. Dann wird das Ganze wieder erhitzt und soll 1 Minute unter Rühren köcheln. Nimm anschließend den Pudding vom Herd.

2. Kleide die Auflaufform mit Frischhaltefolie aus und lege den Boden mit der Hälfte der Kekse aus. Verstreiche den heißen Pudding darauf und belege ihn mit den übrigen Keksen. Ab in den Kühlschrank mit der Form für 2 Stunden. Jetzt heißt es warten, stell dir am besten einen Timer.

3. Schlage anschließend Sahne, Vanillezucker und Sahnesteif mit dem Handrührgerät in einem hohen Mixbecher kurz auf kleiner, dann auf hoher Stufe steif. Verstreiche die Sahne auf der Keksschicht und packe das Ganze noch einmal für 1-2 Stunden in den Kühlschrank.

4. Schneide anschließend die Schnitten entlang der Kekse in Stücke, bestreue sie, wenn du magst, mit ein bisschen Kakaopulver und serviere sie. LECKER!

Wie hat es dir geschmeckt? 

TIPP

Das Kokosfett ist nicht superwichtig, aber dadurch lässt sich die Kuvertüre einfacher verarbeiten und die Cake Pops glänzen schön. Falls du keins hast, lass es einfach weg.

Kaktus-Cake-Pops

FÜR ETWA 20 STÜCK

Zubereitungszeit: 25 Minuten
Kühlzeit: 30 Minuten

250 g Kuchenreste
125 g Frischkäse
100 g weiße Kuvertüre
30 g Kokosfett
grüne Lebensmittelfarbe (fettlöslich)
ca. 20 Cake-Pop-Stiele
1 TL Kokosrapsel
kleine Zuckerblüten

SO GEHT'S:

1. Zerkrümle die Kuchenreste mit den Fingern in einer Schüssel sehr fein und vermenge sie mit dem Frischkäse.

2. Rolle mit den Händen etwa 20 Kugeln aus der Masse, lege sie auf eine Platte und ab damit für 15 Minuten in den Kühlschrank.

3. Lass inzwischen für die Glasur Kuvertüre und Kokosfett in einem kleinen Topf bei kleiner Hitze langsam schmelzen, rühre dabei immer wieder um. Rühre etwas Lebensmittelfarbe unter, bis die Glasur schön grün leuchtet.

4. Tauche je einen Cake-Pop-Stiel nur ein kleines Stück weit in die Glasur und stecke ihn direkt in eine der Kugeln. Stell die Kugeln noch einmal für 15 Minuten kalt, bis die Glasur fest ist. Das ist wichtig, damit die Gebäckkugeln später nicht von den Stäbchen rutschen.

5. Erwärme die restliche Glasur noch einmal unter Rühren und tauche anschließend die Kugeln ganz ein, bis sie schön überzogen sind. Lass sie etwas abtropfen und streue ein paar Kokosraspel als Kaktusstacheln darauf. Verziere die Kaktus-Cake-Pops mit Zuckerblüten, wie es dir gefällt. Zum Trocknen kommen sie in ein Glas oder in einen Cake-Pop-Ständer.

Wie hat es dir geschmeckt? 

WEIßE SCHOKI OBEN DRAUF
dunkle Schoki in der Füllung
WEIßE SCHOKI IM BODEN

Cremiger Schokokuchen

FÜR 8 STÜCKE

Zubereitungszeit: 30 Minuten
Kühlzeit: 1-2 Stunden

FÜR DEN BODEN

150 g weiße Kuvertüre
50 g Sahne
1 EL Butter
80 g Cornflakes

FÜR DIE CREME

200 g Zartbitterschokolade
250 g Mascarpone

FÜR DIE DEKO

250 g frische Himbeeren
30 g weiße Schokolade

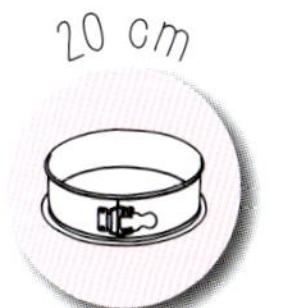

SO GEHT'S:

1. Lass für den Boden die weiße Kuvertüre mit Sahne und Butter in einem Topf bei kleiner Hitze unter Rühren schmelzen. Bespanne den Boden einer Springform mit Backpapier (siehe Seite 10).

2. Zerbrösle die Cornflakes ein wenig mit den Händen in einer Schüssel. Mische dann die Schoki-Sahne-Mischung unter und verteile die Masse als Boden in der Form. Gut mit den Fingern andrücken, das Ganze kommt nun zum Festwerden in den Kühlschrank.

3. Lass inzwischen die Zartbitterschokolade für die Creme in einem Topf bei kleinster Hitze unter Rühren schmelzen. Pass gut auf, dass sie nicht anbrennt! Nimm den Topf vom Herd und mische den Mascarpone mit einem Schneebesen unter.

4. Verteile die Schokocreme auf dem Cornflakes-Boden und streiche sie glatt. Jetzt musst du dich etwas in Geduld üben: Für 1-2 Stunden kommt der Kuchen in den Kühlschrank.

5. Wasche kurz vor dem Servieren die Himbeeren und tupfe sie trocken. Außerdem kannst du nun die weiße Schokolade raspeln (und auch etwas davon naschen, wenn gerade niemand guckt!). Dekoriere den kalten Schokoladenkuchen mit Himbeeren und Schokoraspeln. EIN TRAUM!

Wie hat es dir geschmeckt? 

MIT KNUSPER-BODEN

Sommerliche Erdbeertorte

FÜR 8 STÜCKE

Zubereitungszeit: 30 Minuten
Kühlzeit: 3 Stunden

FÜR DEN BODEN

200 g Kakaokekse mit Cremefüllung

80 g Butter

FÜR DIE CREME

1 Zitrone

300 g Erdbeeren + mehr für die Deko

100 g Zucker

1 leicht gehäufter TL Agar-Agar

500 g Sahnequark

20 cm

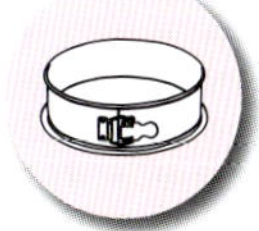

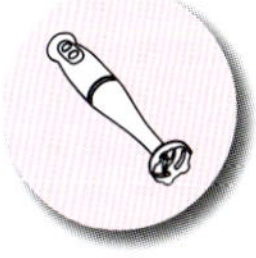

SO GEHT'S:

1. Bespanne den Boden einer Springform mit Backpapier (siehe Seite 10). Gib die Kekse in einen Gefrierbeutel und verschließe diesen. Nun kannst du die Kekse mit den Fäusten oder einem Nudelholz zerkrümeln.

2. Lass die Butter bei kleiner Hitze in einem Topf schmelzen. Mische die Brösel dann unter die Butter und verteile die Masse auf dem Springform-Boden. Glatt streichen und mit den Händen gut andrücken. Dann ab in den Kühlschrank mit der Form.

3. Presse für die Creme die Zitrone aus. Wasche die Erdbeeren, tupfe sie trocken und entferne das Grün. Püriere sie anschließend mit Zucker und Zitronensaft mit dem Pürierstab in einem hohen Mixbecher.

4. Verrühre das Erdbeerpüree mit dem Agar-Agar in einem Topf, koche das Ganze auf und lass es unter Rühren 1–2 Minuten köcheln. Vom Herd nehmen, kurz abkühlen lassen. Mische nun den Quark nach und nach unter.

5. Die Erdbeercreme kommt anschließend auf den Keksboden. Streiche alles mit dem Kochlöffel schön glatt. Und wieder ab in den Kühlschrank – der Kuchen soll dort in 3 Stunden fest werden.

6. Wasche kurz vor dem Servieren die übrigen Erdbeeren, schneide sie in Scheiben und verteile sie auf der Torte. Sieht toll aus und schmeckt einfach GENIAL!

Wie hat es dir geschmeckt? 

TIPP

Keine passende Form? Schichtschoki kannst du auch in einer flachen Vorratsbox einschichten. Nach dem Kühlen in Würfel schneiden und schon hast du kleine süße Häppchen.

Schichtschoki

FÜR ETWA 10 STÜCKE

Zubereitungszeit: 45 Minuten
Kühlzeit: 2 Stunden 30 Minuten

400 g Sahne
200 g weiße Kuvertüre
300 g dunkle Kuvertüre
1 Packung Vollkornbutterkekse

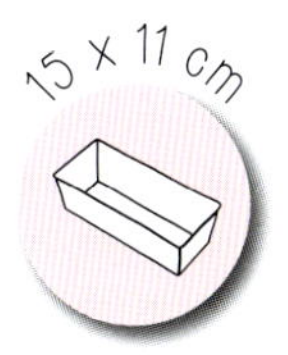

SO GEHT'S:

1. Lege eine kleine Kastenform mit Frischhaltefolie aus.

2. Erhitze 150 g Sahne in einem Topf, nimm diesen vom Herd und lass die weiße Kuvertüre in der heißen Sahne unter Rühren schmelzen. Die Mischung kommt abgedeckt in den Kühlschrank. Erhitze nun die übrige Sahne in einem separaten Topf und rühre die dunkle Kuvertüre unter.

3. Verteile anschließend 2 EL dunkle Schokocreme auf dem Boden der Form und bedecke sie mit Keksen. Schichte auf diese Weise abwechselnd dunkle Schokocreme und Kekse in die Form. Ab damit in den Kühlschrank – in 2 Stunden wird das Ganze fest.

4. Schlage anschließend die weiße Schokocreme mit dem Handrührgerät in einer Schüssel auf. Stürze die Schichtschoki auf eine Kuchenplatte, Folie abziehen und den Kuchen mit der weißen Creme bestreichen. Stell den Kuchen noch einmal für 30 Minuten in den Kühlschrank, dann kannst du ihn in Scheiben aufschneiden und verputzen.

Frühstück mit Wow-Effekt

FÜR 2 PORTIONEN

Zubereitungszeit: 30 Minuten
Garzeit: ca. 5 Minuten

200 ml Milch
2 Eier
1 TL Vanillezucker
1 Prise Salz
1 Msp. Backpulver
100 g Mehl
30 ml Sprudelwasser
1 Apfel
Pflanzenöl zum Ausbacken
Puderzucker zum Bestreuen

Gute-Laune-Apfelpfannkuchen

SO GEHT'S:

1. Verrühre Milch, Eier, Vanillezucker, Salz, Backpulver und Mehl mit dem Handrührgerät in einer Rührschüssel. Rühre anschließend das Sprudelwasser unter und stell den Teig für 10 Minuten beiseite.

2. Wasche und schäle inzwischen den Apfel, dann kannst du ihn vierteln, das Kerngehäuse entfernen und die Apfelviertel in dünne Scheiben schneiden.

3. Erhitze 1 TL Öl in einer Pfanne und gib ein paar Esslöffel Teig hinein. Verteile ihn dabei in der Pfanne und belege ihn anschließend mit ein paar Apfelscheiben. Bedecke diese mit etwas Teig und lass den Apfelpfannkuchen bei mittlerer Hitze 2-3 Minuten brutzeln. Wende ihn, sobald der Teig auf der Oberseite etwas gestockt ist, und backe ihn von der anderen Seite auch goldbraun.

4. Backe aus dem restlichen Teig weitere Pfannkuchen. Wenn alle fertig sind, ab auf die Teller und mit Puderzucker bestreuen. EIN TRAUM!

MIT
essbaren
BLÜTEN

Gesundes Frühstücksbrot

FÜR 2 PORTIONEN

Zubereitungszeit: 20 Minuten

1 kleines Bund frische Kräuter (oder 2 EL Tiefkühl-Kräuter; z. B. Petersilie, Basilikum, Schnittlauch, Thymian)

½ Zitrone

1 Knoblauchzehe (wer mag)

1 reife Avocado

150 g Frischkäse

Salz, Pfeffer

4 Scheiben Lieblingsbrot

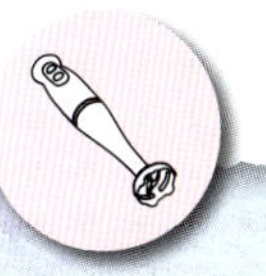

SO GEHT'S:

1. Wasche die Kräuter, tupfe sie dann trocken und zupfe die Blätter ab. Lege ein paar besonders hübsche Blättchen für die Deko beiseite. Presse den Saft der Zitrone aus. Schäle den Knoblauch, falls du Knoblauch magst, sonst lässt du ihn einfach weg.

2. Um die Avocado zu bändigen, holst du dir besser Hilfe von Erwachsenen: Halbiere die Avocado und drück bei der Hälfte mit dem Kern die Schale nach innen, sodass der Kern herauskugelt. Löse dann das Fruchtfleisch mit einem Esslöffel aus der Schale.

3. Püriere das Avocadofruchtfleisch mit Frischkäse, Kräutern, Zitronensaft, Knoblauch (wer mag), 2 Prisen Salz und etwas Pfeffer mit dem Pürierstab in einem hohen Mixbecher zu einer feinen Creme. Je länger du mixt, umso grüner wird sie.

4. Bestreiche die Brote mit der Avocadocreme. Die übrigen Kräuter machen sich darauf hübsch als Deko.

TIPP

Besonders toll sehen die Brote mit essbaren Blüten bestreut aus. Falls du zu Hause Kräutertöpfe hast, kannst du die Blüten der Kräuter abzupfen und verwenden. Auch Gänseblümchen (am besten aus dem eigenen Garten) oder Holunderblüten passen.

»Wir lieben Rosinen! Wenn du keine magst, lass sie einfach weg. :)«
NOCH BESSER MIT Apfelmus!

Österreichischer Kaiserschmarrn

FÜR 2 PORTIONEN

Zubereitungszeit: 30 Minuten
Ruhezeit: 30 Minuten
Garzeit: 10 Minuten

50 g Rosinen
25 g Butter + 1 EL zum Backen
3 Eier
½ Päckchen Vanillezucker
1 EL Zucker
2 Prisen Salz
125 g Mehl
250 ml Milch
Puderzucker zum Bestreuen
1 Glas Apfelmus

SO GEHT'S:

1. Weiche die Rosinen in etwas lauwarmem Wasser ein. Lass 25 g Butter bei kleiner Hitze in einem Topf schmelzen und nimm sie dann vom Herd.

2. Trenne die Eier und stell das Eiweiß abgedeckt in einer Schale in den Kühlschrank. Schlage das Eigelb mit Vanillezucker, Zucker und 1 Prise Salz mit dem Handrührgerät in einer Schüssel in 3 Minuten schaumig. Rühre nach und nach abwechselnd Mehl und Milch unter. Zum Schluss kannst du die geschmolzene Butter untermischen. Lass nun den Teig abgedeckt 30 Minuten ruhen.

3. Schlage anschließend das Eiweiß mit 1 Prise Salz mit dem Handrührgerät in einem hohen Mixbecher zu festem Schnee und hebe ihn vorsichtig unter den Teig. Schau auf Seite 10 nach, wie das am besten klappt. Lass die Rosinen abtropfen und mische sie auch unter.

4. Lass 1 EL Butter bei mittlerer Hitze in einer großen Pfanne schmelzen und verteile den Teig darin. Decke die Pfanne ab und lass den Teig in etwa 5 Minuten goldgelb backen. Wende den Teig und backe ihn noch mal 5 Minuten.

5. Nun kannst du den großen Pfannkuchen in Stücke zerteilen. Bestreue den fertigen Kaiserschmarrn mit Puderzucker und serviere ihn mit dem Apfelmus.

SÜẞ
HERZ-
HAFT
Wie hat es dir geschmeckt? ☆☆☆☆☆

FÜR 12 STÜCK

Zubereitungszeit: 35 Minuten
Backzeit: 25 Minuten

FÜR DIE HERZHAFTEN MUFFINS

50 ml Olivenöl + evtl. mehr für das Blech
1 Ei
120 ml Buttermilch
1 TL Tiefkühl-Kräuter (oder getrocknete Kräuter; z. B. Thymian und Oregano)
½ TL Salz
75 g Feta
6-8 Kirschtomaten
120 g Mehl
1 TL Backpulver

FÜR DIE SÜSSEN MUFFINS

50 g Butter
1 sehr reife Banane
75 ml Milch
1-2 EL Honig
1 Ei
100 g Mehl
1 TL Backpulver
50 g zarte Haferflocken
1 EL Rosinen

Frühstücksmuffins süß & salzig

SO GEHT'S:

1. Heize den Ofen bei Ober-/Unterhitze auf 180 Grad vor und fette die Mulden des Muffinblechs mit Öl ein oder lege sie mit Papierförmchen aus.

2. Verrühre für die herzhaften Muffins Öl, Ei, Buttermilch, Kräuter und Salz mit dem Handrührgerät in einer Schüssel miteinander.

3. Zerbröckle den Feta mit den Fingern. Wasche die Tomaten und halbiere sie. Gib beides zusammen mit Mehl und Backpulver zur Eimischung und vermenge alles kurz mit einem Löffel. Der Teig kommt nun in 6 Muffinmulden.

4. Lass für die süßen Muffins die Butter bei kleiner Hitze in einem Topf schmelzen und nimm sie dann vom Herd. Schäle die Banane und zerdrücke sie mit einer Gabel.

5. Verrühre anschließend das Bananenmus mit Milch, Honig, geschmolzener Butter und Ei mit dem Handrührgerät in einer Schüssel. Mische dann Mehl, Backpulver, Haferflocken und Rosinen unter. Verteile den Teig auf die übrigen 6 Muffinmulden.

6. Backe die Frühstückmuffins 25 Minuten und serviere sie direkt noch lauwarm.

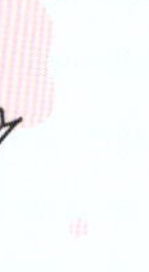

»Wir benutzen dafür gerne längliche Dessertschalen – die perfekte Form für Bananen!«

FÜR 2 PORTIONEN

Zubereitungszeit: 10 Minuten

2 Bananen
200 g gemischte Beeren
300 g griechischer Joghurt
4 EL Knuspermüsli
2 TL Honig
geröstete Mandelblättchen

Guten-Morgen-Bananen-Split

SO GEHT'S:

1. Schäle die Bananen und halbiere sie der Länge nach. Wasche die Beeren und tupfe sie trocken.

2. Lege anschließend je 2 Bananenhälften auf Teller oder in Schalen. Fülle die Mitte mit Joghurt, Beeren und Müsli, bekleckse das Ganze mit Honig und dekoriere das Bananen-Split mit Mandelblättchen. SCHON FERTIG!

TIPP

Die Herzen kannst du auch in der Pfanne rösten, mit dem Kräuterfrischkäse von Seite 59 bestreichen und dazu servieren.

Ei im Toast

FÜR 2 PORTIONEN

Zubereitungszeit: 15 Minuten
Garzeit: 5 Minuten

4 Scheiben Sandwichtoastbrot
etwas Butter
4 kleine Eier
Salz

SO GEHT'S:

1. Bestreiche die Toastscheiben von beiden Seiten mit etwas Butter und stich mittig mit einem Keksausstecher ein Herz oder eine andere Form aus. Was dir am besten gefällt!

2. Lege nun die Brotscheiben mit Loch in eine kalte Pfanne und stell diese bei mittlerer Hitze auf den Herd. Röste das Brot goldbraun, wende es anschließend und gib vorsichtig je 1 Ei in jedes Herz. Decke die Pfanne mit einem Deckel ab und lass das Ei langsam stocken.

3. Bestreue die Eier mit Salz und serviere die Toasts direkt aus der Pfanne.

Ruckzuck in 15 Minuten

Happy Cookies

FÜR 12 STÜCK

Zubereitungszeit: 15 Minuten
Backzeit: ca. 24 Minuten

200 g weiche Butter
150 g brauner Zucker
1 Prise Salz
250 g Mehl
1 Msp. Natron
4 EL backfeste Schokodrops

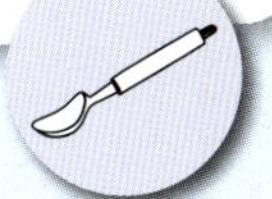

SO GEHT'S:

1. Heize den Ofen bei Ober-/Unterhitze auf 180 Grad vor und lege 2 Bleche mit Backpapier aus.

2. Schlage die Butter mit Zucker und Salz mit dem Handrührgerät in einer Schüssel in 3 Minuten schaumig. Gib Mehl und Natron hinzu und vermische alles kurz zu einem kompakten Teig. Am Schluss kommen die Schokodrops rein.

3. Stich vom Teig mit einem Eisportionierer oder einem Löffel Bällchen ab und verteile sie mit etwas Abstand zueinander auf den Blechen. Drücke die Cookies mit der Hand etwas flach und backe sie nacheinander etwa 12 Minuten.

4. Wenn sie an den Rändern leicht gebräunt sind, perfekt, dann kannst du sie aus dem Ofen holen. Lass sie erst richtig gut abkühlen, bevor sie vom Blech und in deinen Mund dürfen. HMMM!

Energiebällchen

FÜR ETWA 15 STÜCK

Zubereitungszeit: 15 Minuten
Kühlzeit: ca. 30 Minuten

100 g Kokosflocken + mehr zum Wenden

10 getrocknete Datteln ohne Stein

4 EL Mandelmus

1 Prise Salz

2 EL zarte Haferflocken

SO GEHT'S:

1. Bevor es ans Zerkleinern geht, solltest du dir Hilfe von einem Erwachsenen holen: Gib alle Zutaten in die Küchenmaschine, den Hochleistungsmixer oder den Häcksler und zerkleinere sie, bis eine formbare Masse entstanden ist. Schiebe zwischendurch immer wieder die Zutaten am Rand nach unten, damit auch wirklich alles zerkleinert wird.

2. Forme aus der Masse mit den angefeuchteten Händen 15 Bällchen und wende sie in Kokosflocken. Danach wandern sie am besten noch für 30 Minuten in den Kühlschrank, bevor du sie vernaschst. Sie sind im Kühlschrank mindestens 1 Woche haltbar – wenn dann noch welche übrig sind. :)

Wie hat es dir geschmeckt? 

TIPP

Guacamole ganz einfach selber machen: Das Fruchtfleisch von 1 reifen Avocado in einer Schale zerdrücken und mit 1 gehackten Knoblauchzehe, dem Saft von 1 Limette, etwas Salz und Pfeffer vermischen. Fertig!

Lieblingswraps

FÜR 4 STÜCK

Zubereitungszeit: 15 Minuten
Garzeit: 16 Minuten

1 rote Paprika
2 EL Mais
3 EL Kidneybohnen
4 Blätter Salat
4 Wraps
4 EL Guacamole (aus dem Kühlregal)
2 EL Crème fraîche
3 EL geriebener Käse
1 Handvoll Tortilla-Chips

SO GEHT'S:

1. Wasche die Paprika, entkerne sie und würfle sie klein. Lass Mais und Kidneybohnen in einem Sieb abtropfen. Wasche den Salat und schüttle ihn trocken.

2. Lege die Wraps übereinander auf ein Schneidebrett und schneide sie einmal bis zur Mitte ein. Bestreiche einen Wrap zur Hälfte mit Guacamole und zur anderen Hälfte mit Crème fraîche. Belege anschließend je ein Viertel mit Salat, Paprika, Mais, Bohnen und streue den Käse und die Tortilla-Chips darüber. Schlage nun den Wrap jeweils um ein Viertel ein. Schau dir dazu auch mal die Zeichnung auf dieser Seite an!

3. Erwärme die Wraps nacheinander in einer heißen Pfanne ohne Fett bei mittlerer Hitze von jeder Seite 2 Minuten. FERTIG!

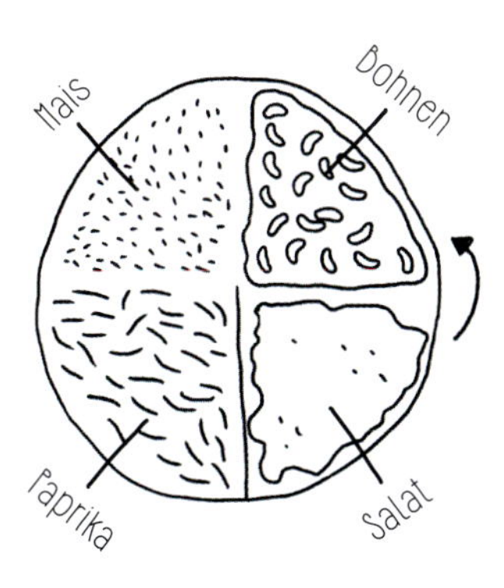

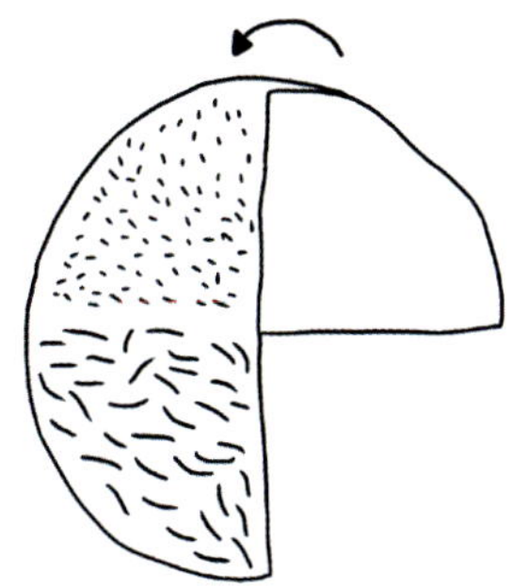

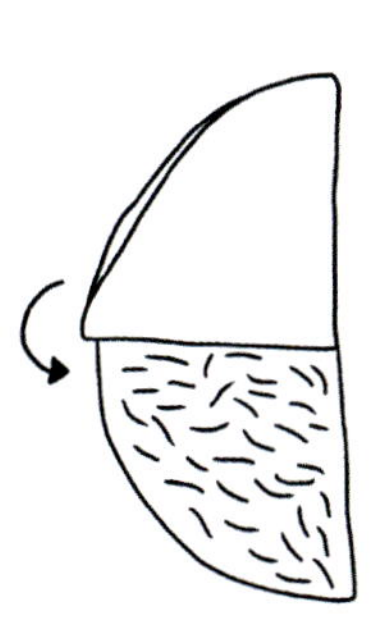

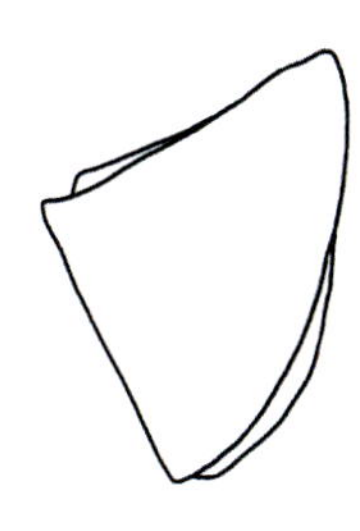

MIT SCHOKODROPS …
hmm!

Tassenkuchen

FÜR 2 STÜCK

Zubereitungszeit: 15 Minuten
Backzeit: 1-2 Minuten

2 EL Pflanzenöl + mehr zum Einfetten
2 EL Apfelmus
2 TL Honig
2 EL Milch
4 EL Mehl
2 Msp. Backpulver
1 Prise Salz
1 geh. TL Kakaopulver
2 EL backfeste Schokodrops

SO GEHT'S:

1. Zwei große Tassen mit etwas Öl einfetten.
2. Verrühre alle Zutaten mit dem Schneebesen in einer Schüssel und verteile den Teig auf die beiden Tassen.
3. »Backe« die Tassenkuchen in der Mikrowelle bei 700 Watt 1-2 Minuten. Etwas abkühlen lassen und noch warm oder später kalt servieren.

Wie hat es dir geschmeckt? ☆☆☆☆☆

TIPP

Tassenkuchen ist supervielfältig, probiere doch mal eine dieser Varianten:

NUSSKUCHEN: Anstelle der Schokodrops kannst du auch 1 TL Nuss-Nugat-Creme in die Mitte geben.

FRUCHTKUCHEN: Für einen fruchtigen Tassenkuchen kannst du das Kakaopulver weglassen und zusätzlich 1 TL Mehl und 2 EL frische Beeren unter den Teig mischen.

»Im Sommer kochen wir immer viel Tee vor und stellen ihn im Kühlschrank kalt. So können wir jederzeit spontan einen kühlen Pink Drink genießen.«

Lecker!

Hmmm ...

FÜR 2 GLÄSER à 500 ml

Zubereitungszeit: 15 Minuten

4 Beutel Hibiskustee
ca. 6 Eiswürfel
100 g Tiefkühl-Himbeeren
3 EL Holunderblütensirup
ca. 300 ml Kokosdrink

Pink Drink

SO GEHT'S:

1. Gib die Teebeutel in eine Teekanne, gieße 500 ml heißes Wasser darüber und lass das Ganze 10 Minuten ziehen. Entferne die Teebeutel und lass den Tee abkühlen.

2. Verteile anschließend Eiswürfel und Himbeeren auf 2 Gläser und fülle sie bis zur Hälfte mit Tee. Rühre je 1 ½ EL Sirup unter und fülle zum Schluss alles mit Kokosdrink auf. CHEERS!

TIPP

Falls du keinen Hibiskustee bekommst, kannst du auch Hagebuttentee oder andere rote Früchtetees dafür verwenden.

KNUSPER,
KNUSPER,
knäuschen

Knusprige Pizzastangen

FÜR 4 PORTIONEN

Zubereitungszeit: 15 Minuten
Backzeit: 20 Minuten

1 Rolle Blätterteig
(aus dem Kühlregal)
3 EL Tomatenmark
1 TL getrockneter Oregano
(oder Thymian)
Zucker, Salz, Pfeffer
200 g Reibekäse
1 Ei
2 EL Milch
etwas Sesam

SO GEHT'S:

1. Heize den Ofen bei Ober-/Unterhitze auf 220 Grad vor und lege ein Blech mit Backpapier aus.

2. Rolle den Blätterteig aus und halbiere ihn der Breite nach. Verrühre das Tomatenmark mit 3 EL Wasser, Oregano, etwas Zucker, Salz und Pfeffer in einer Schale miteinander. Verstreiche anschließend die Mischung auf einer Teighälfte und streue den Käse darüber. Lege die zweite Teighälfte darüber und drücke sie vorsichtig ein wenig an.

3. Schneide den Teig mit einem Messer in etwa 2 cm breite Streifen. Verdrehe jeden Streifen mehrfach und lege alle Streifen mit Abstand zueinander auf das Blech. Verquirle das Ei und die Milch mit der Gabel in einer Tasse und bestreiche die Blätterteigstreifen damit. Am besten benutzt du einen Backpinsel. Bestreue die Pizzastangen mit Sesam und backe sie 20 Minuten.

Wie hat es dir geschmeckt? ☆☆☆☆☆

Wassermelonensalat

FÜR 4 PORTIONEN

Zubereitungszeit: 15 Minuten

FÜR DEN SALAT

2 EL Pinienkerne
1 Mini-Wassermelone
1 Salatgurke
150 g Feta

FÜR DAS DRESSING

2 Limetten
3 EL Olivenöl
Salz, Pfeffer

SO GEHT'S:

1. Röste die Pinienkerne ohne Fett in einer Pfanne goldbraun an. Vorsicht: Sie verbrennen ganz schnell! Also immer schön wenden und im Auge behalten. Gib sie anschließend zum Abkühlen auf einen Teller.

2. Bitte einen Erwachsenen darum, dir beim Wassermeloneschälen zu helfen. Anschließend schneidest du das Fruchtfleisch in Würfel und entfernst die fiesen Kerne. Wasche die Salatgurke und würfle sie genauso wie den Feta. Ab in eine Salatschüssel mit allen Würfeln!

3. Presse für das Dressing den Saft der Limetten aus. Mische diesen dann mit den übrigen Zutaten und hebe das Dressing unter den Salat. Streue zum Schluss noch die Pinienkerne darüber und schon ist der sommerliche Salat bereit für die Gartenparty!

Wie hat es dir geschmeckt? ☆ ☆ ☆ ☆ ☆

TIPP

Die Melonenschale kann auch als tolle Salatschüssel dienen.

Happy,
happy
Birthday

TIPP

Wenn das Geburtstagskind einen zweistelligen Geburtstag feiert, einfach alle Schritte für die zweite Zahl wiederholen. Easy!

Number Cake

FÜR 10 PORTIONEN

Zubereitungszeit: 1 Stunde
Backzeit: 20 Minuten
Kühlzeit: 1 Stunde

FÜR DEN KUCHEN

6 Eier
1 Prise Salz
120 g Zucker
140 g Mehl
1 TL Backpulver

FÜR DIE CREME

350 ml Milch
30 g Schokopuddingpulver
1 Prise Salz
2 EL Zucker
180 g weiche Butter

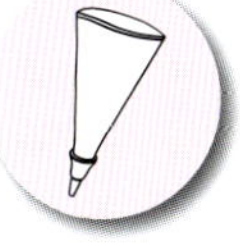

SO GEHT'S:

1. Heize den Ofen bei Ober-/Unterhitze auf 180 Grad vor und lege ein Blech mit Backpapier aus.

2. Schlage die Eier mit Salz, Zucker und 5 EL heißem Wasser mit dem Handrührgerät 5 Minuten auf. Mehl und Backpulver dazusieben und vorsichtig mit einem Schneebesen unterheben. Verteile den Teig auf dem Blech, streiche ihn glatt und backe ihn 20 Minuten. Auch wenn du neugierig bist: Öffne nicht die Ofentür!

3. Verrühre für die Creme 50 ml Milch mit Puddingpulver, Salz und Zucker. Bringe die übrige Milch in einem Topf zum Kochen. Nimm ihn kurz vom Herd, rühre das Puddingpulver unter und stell den Topf wieder auf den Herd. Lass die Mischung 1 Minute unter Rühren köcheln. Nimm dann den Pudding vom Herd, er soll Zimmertemperatur annehmen.

4. Schneide inzwischen eine Schablone aus Karton für die Zahl vor, orientiere dich dabei an der der Größe des halben Blechs. Wasche die Beeren und tupfe sie trocken.

5. Schlage anschließend die Butter mit dem Handrührgerät in einer Schüssel in 3 Minuten cremig auf. Gib den Pudding nach und nach dazu und rühre ihn unter. Dann kommt die Creme in einen Spritzbeutel mit Lochtülle.

6. Teile den Biskuitboden in zwei Hälften, leg deine Schablone auf und schneide die Form aus jeder Hälfte heraus. Die Kuchenreste kannst du für Cake-Pops verwenden.

FÜR DIE DEKO

1 großes Stück Karton

300 g frische Beeren

einige Macarons

Schokoröllchen und/oder kleine Schoko-Snacks (z. B. Gebäckkugeln, Toffees, Schokostäbchen, -blättchen)

7. Lege eine Biskuitzahl vorsichtig auf eine Platte. Setze mit dem Spritzbeutel dicht an dicht Cremetupfen darauf. Lege den zweiten Boden auf und spritze erneut Tupfen darauf. Nun kannst du den Kuchen bunt verzieren. Vor dem Servieren für 1 Stunde in den Kühlschrank stellen.

Wie hat es dir geschmeckt? ☆ ☆ ☆ ☆ ☆

FÜR 8 STÜCKE

Zubereitungszeit: 50 Minuten
Backzeit: 25–30 Minuten
Kühlzeit: 1 Stunde

FÜR DEN KUCHEN

Pflanzenöl für die Form
6 Eier
1 Prise Salz
120 g Zucker
120 g Mehl
25 g Speisestärke
1 TL Backpulver

FÜR DIE CREME

350 ml Milch
30 g Vanillepuddingpulver
1 EL Zucker
1 TL Vanillezucker
180 g weiche Butter

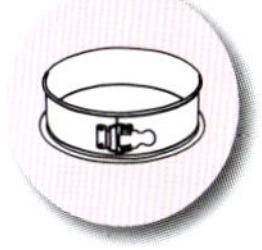

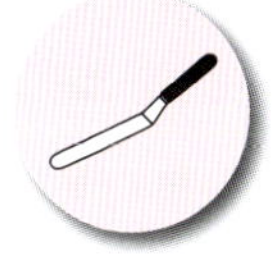

Beeriger Naked Cake

SO GEHT'S:

1. Heize den Ofen bei Ober-/Unterhitze auf 180 Grad vor. Bespanne den Boden einer Springform mit Backpapier (siehe Seite 10). Schneide außerdem einen 12 cm breiten Streifen Backpapier zurecht. Fette den Rand der Form leicht ein und lege den Backpapierstreifen ein.

2. Schlage die Eier mit Salz, Zucker und 5 EL heißem Wasser mit dem Handrührgerät in einer Schüssel 5 Minuten auf. Siebe Mehl, Stärke und Backpulver dazu und hebe alles vorsichtig mit einem Schneebesen unter. Fülle den Teig in die Form und backe ihn 25–30 Minuten, dabei die Ofentür nicht öffnen.

3. Inzwischen kannst du für die Creme 50 ml Milch mit Puddingpulver, Zucker und Vanillezucker verrühren. Bringe die übrige Milch in einem Topf zum Kochen. Nimm ihn kurz vom Herd, rühre das Puddingpulver mit dem Schneebesen unter und stell den Topf wieder auf den Herd. Lass die Mischung 1 Minute unter Rühren köcheln. Nimm dann den Pudding vom Herd, er soll Zimmertemperatur annehmen.

FÜR DIE DEKO

250 g Erdbeeren

200 g Himbeeren

200 g Heidelbeeren

4. Schlage anschließend die Butter mit dem Handrührgerät in einer Schüssel in 3 Minuten cremig auf. Gib den Pudding nach und nach dazu und rühre ihn unter.

5. Wasche die Beeren für die Deko und entferne das Grüne von den Erdbeeren. Halbiere oder viertle die Beeren je nach Größe. Lass dir hierbei helfen: Löse den Biskuit mit einem Messer vorsichtig vom Springformrand und ziehe ihn vom Backpapier ab. Schneide ihn waagrecht in 3 Schichten.

6. Setze eine Schicht auf eine Platte und bestreiche sie mit einem Drittel der Creme. Verteile die Heidelbeeren darauf. Dann kommt der zweite Boden drauf, verstreiche wieder Creme darauf und streu die Himbeeren darüber. Mit dem letzten Boden und der restlichen Creme ebenso verfahren. Für den typischen Naked-Cake-Look streichst du die Ränder mit einer Palette glatt und verstreichst so ganz dünn die Creme. So blitzt ein bisschen Teig hervor. Perfekt! Zuletzt noch die Erdbeeren oben verteilen. Vor dem Anschneiden kommt der Kuchen für 1 Stunde in den Kühlschrank.

Wie hat es dir geschmeckt? ☆ ☆ ☆ ☆ ☆

TIPP

Für einen schnellen Naked Cake einfach 3 gekaufte Biskuitböden verwenden. Schneide sie auf 20 cm Durchmesser zurecht, so bekommst du die perfekte Optik.

FÜR 10-12 STÜCKE

2 Tage im Voraus die Deko vorbereiten
Zubereitungszeit: 1 Stunde 30 Minuten
Backzeit: 25-30 Minuten
Kühlzeit: 3-5 Stunden

FÜR DIE DEKO

ca. 100 g weißer Fondant
etwas Speisestärke zum Arbeiten
1 Cake-Pop-Stiel
goldener Lebensmittelglitzer
schwarze Zuckerschrift
helle Zuckerperlen (wer mag)

FÜR DEN KUCHEN

Pflanzenöl für die Form
6 Eier
1 Prise Salz
120 g Zucker
120 g Mehl
25 g Speisestärke
1 TL Backpulver

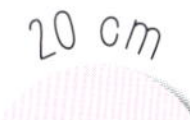

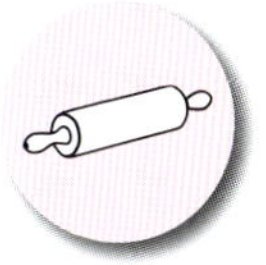

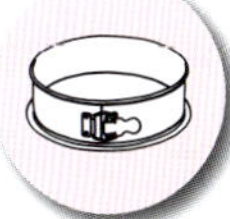

Einhorntorte

SO GEHT'S:

1. Bereite 2 Tage im Voraus die Ohren und das Horn aus Fondant vor. Nimm dafür 2 walnussgroße Stücke Fondant und rolle die beiden Stücke mit dem Nudelholz auf einer mit Stärke bestäubten Arbeitsfläche aus und forme sie zu Einhornohren.

2. Teile den restlichen Fondant und rolle ihn mit den Händen zu 2 Rollen, die an einem Ende dünner werden. Winde die beiden Rollen umeinander, sodass ein Horn entsteht. Stecke dieses auf den Cake-Pop-Stiel und bestäube es mit dem Glitzer. Lege die Ohren und das Horn auf einem Schneidebrett beiseite und lass sie trocknen.

3. Heize am dritten Tag den Ofen bei Ober-/Unterhitze auf 180 Grad vor. Bespanne den Boden einer Springform mit Backpapier (siehe Seite 10). Schneide außerdem einen 12 cm breiten Streifen Backpapier zurecht. Fette den Rand der Form leicht ein und lege den Backpapierstreifen ein.

4. Schlage die Eier mit Salz, Zucker und 5 EL heißem Wasser mit dem Handrührgerät in einer Schüssel 5 Minuten auf. Siebe Mehl, Stärke und Backpulver dazu und hebe alles vorsichtig mit einem Schneebesen unter. Fülle den Teig in die Form und backe ihn 25-30 Minuten, dabei die Ofentür nicht öffnen.

FÜR DIE CREME

400 g weiße Kuvertüre

300 g Sahne

rote, violette und blaue Lebensmittelfarbe (fettlöslich)

AUSSERDEM

150 g Himbeerkonfitüre

5. Hacke inzwischen für die Creme die Kuvertüre in Stücke und gib sie in eine hitzefeste Schüssel. Erhitze die Sahne in einem kleinen Topf (nicht kochen!) und gieße sie über die Kuvertüre. Lass die Mischung 5 Minuten stehen, dann kannst du alles mit dem Schneebesen langsam verrühren. Ab in den Kühlschrank für 30–40 Minuten.

6. Schlage anschließend ein Drittel der Sahne-Kuvertüre-Mischung mit dem Handrührgerät in einer Schüssel cremig auf. Nicht zu lange, sonst gerinnt die Creme. Abdecken und kalt stellen. Teile die übrige Sahnemischung in 3 Portionen und färbe eine Portion hellrosa, eine rosa und eine violett ein. Schlage sie ebenso wie die weiße Creme auf. Fülle anschließend die farbigen Cremes teelöffelweise abwechselnd in einen Spritzbeutel mit Sterntülle. Dieser kommt auch in den Kühlschrank.

7. Lass dir hierbei helfen: Löse den Biskuit mit einem Messer vorsichtig vom Springformrand und ziehe ihn vom Backpapier ab. Schneide ihn waagrecht in 3 Böden.

8. Setze einen Boden auf eine Platte und bestreiche ihn mit 2 EL Konfitüre, dann kommt der zweite Boden darauf. Erneut mit Konfitüre bestreichen. Lege den letzten Boden darauf und bestreiche die Torte rundum mit der weißen Creme. Streiche die Creme mit einem Messer schön glatt. Ab mit dem Kuchen in den Kühlschrank, dort wird die Cremeschicht in 1–2 Stunden schön fest.

9. Setze das Horn und die Ohren auf die Torte und spritze mit der bunten Creme kleine und große Tupfen als Mähne auf die Oberfläche und an der Seite entlang nach unten. Male dann noch Augen mit der schwarzen Zuckerschrift auf und verziere alles mit Zuckerperlen, wenn du magst. Fertig ist das zuckersüßeste Einhorn. Stell die Torte vor dem Anschneiden noch für 2 Stunden kalt.

Wie hat es dir geschmeckt? ☆☆☆☆☆

TIPP

Torten, die mit Sahne- oder Buttercreme eingestrichen werden, vertragen keine Sonne und keine hohen Temperaturen. Die Creme wird weich und die Torte verliert an Stabilität. Daher immer kühl lagern!

Nomnomnom

Schoko-Heidelbeer-Crêpetorte

FÜR 12 STÜCKE

Zubereitungszeit: 20 Minuten
Ruhezeit: 30 Minuten
Backzeit: 20 Minuten
Kühlzeit: 1-2 Stunden

FÜR DIE CRÊPES

500 ml Milch
280 g Mehl
1 Prise Salz
4 Eier
1 TL Vanillezucker
50 g Butter
Pflanzenöl zum Backen

FÜR DIE FÜLLUNG

250 g Heidelbeerkonfitüre
250 g Schokoaufstrich
200 g Heidelbeeren

ZUM SERVIEREN

griechischer Joghurt oder geschlagene Sahne

SO GEHT'S:

1. Rühre für die Crêpes Milch, Mehl, Salz, Eier und Vanillezucker mit dem Handrührgerät in einer Schüssel zu einem flüssigen Teig. Lass die Butter in einem kleinen Topf schmelzen und rühre sie unter den Teig. Decke die Schüssel ab und lass das Ganze 30 Minuten ruhen.

2. Fette anschließend eine beschichtete Pfanne (20–22 cm) dünn mit Öl ein und erhitze sie auf dem Herd. Gib 1 Kelle Teig hinein, verteile diesen durch Schwenken der Pfanne gleichmäßig auf dem Pfannenboden und backe den Crêpe von beiden Seiten hellbraun aus. Backe auf diese Weise insgesamt etwa 15 Crêpes und stapele sie auf einem Teller. Und denk dran: Der erste Crêpe wird meistens nichts, der ist für den Koch. :)

3. Lege anschließend einen Crêpe auf eine Platte und bestreiche ihn mit 2 EL Heidelbeerkonfitüre, dabei etwa 1 cm Rand frei lassen. Noch einen Crêpe darauflegen und mit Schokocreme bestreichen. Alle übrigen Crêpes übereinanderstapeln und abwechselnd mit Heidelbeerkonfitüre und Schokocreme bestreichen.

4. Nun kannst du die Heidelbeeren waschen, trocken tupfen und auf der Torte verteilen. Stell diese anschließend für 1–2 Stunden in den Kühlschrank. Schneide die Torte zum Servieren in Stücke und serviere sie mit je 1 Klecks griechischem Joghurt oder geschlagener Sahne.

Wie hat es dir geschmeckt?

Donutkuchen

FÜR 16-20 STÜCKE

Zubereitungszeit: 45 Minuten
Backzeit: 40-45 Minuten
Kühlzeit: 30-40 Minuten

FÜR DEN KUCHEN

250 g weiche Butter + mehr für die Form
1 Prise Salz
200 g Zucker
4 Eier
250 g Mehl
3 gestr. TL Backpulver
50 ml Milch

FÜR DIE CREME

250 g Vollmilchschokolade
200 g Sahne

FÜR DIE DEKO

etwas Speisestärke zum Arbeiten
ca. 150 g rosafarbener Fondant
bunte Zuckerstreusel

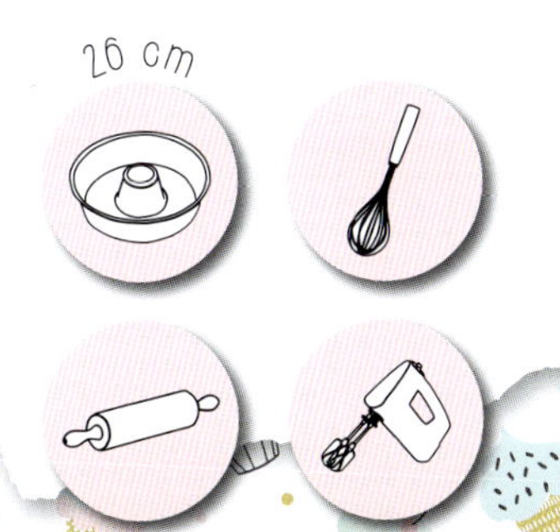

SO GEHT'S:

1. Heize den Ofen bei Ober-/Unterhitze auf 180 Grad vor und fette eine Kranzform mit Butter ein.

2. Schlage Butter und Salz mit dem Handrührgerät in einer Schüssel 3 Minuten auf und rühre den Zucker 2 Minuten unter die Masse. Gib anschließend die Eier einzeln dazu und mixe jedes 1 Minute unter. Siebe Mehl und Backpulver darüber und gib die Milch dazu. Alles zunächst auf kleinster Stufe vermischen, dann noch 1 Minute auf hoher Stufe aufschlagen. Fülle den Teig in die Form und backe ihn 40-45 Minuten. Anschließend 10 Minuten stehen lassen, auf ein Kuchengitter stürzen und vollständig abkühlen lassen.

3. Schneide inzwischen für die Creme die Schokolade in Stücke und gib sie in eine hitzefeste Schüssel. Erhitze die Sahne in einem kleinen Topf (nicht kochen!) und gieße sie über die Schokolade. Lass die Mischung 5 Minuten stehen, dann kannst du alles mit dem Schneebesen langsam verrühren. Ab in den Kühlschrank für 30-40 Minuten.

4. Anschließend kommt der Kuchen auf eine Platte. Schlage die Schoko-Sahne-Mischung mit dem Handrührgerät 1 Minute auf, sie wird dadurch streichfähig. Bestreiche dann den Kuchen damit und stell ihn in den Kühlschrank.

5. Bestreu die Arbeitsfläche dünn mit Speisestärke und rolle den Fondant auf Größe des Kuchens aus. Schneide aus der Mitte ein Loch mit gewellten Rändern heraus und schneide auch die äußere Kante des Fondants wellenförmig ab. So entsteht die Fake-»Glasur« für den riesigen Donut.

6. Lege den Fondant auf den Kuchen, sodass unten noch Creme zu sehen ist. Jetzt kannst du die Zuckerstreusel mit ganz wenig Wasser auf der Oberfläche ankleben. TOLL!

TIPP

Die Bohnen oder Linsen kannst du immer wieder zum Blindbacken verwenden.

Zitronentarte

FÜR 16 STÜCKE

Zubereitungszeit: 20 Minuten
Kühlzeit: 1 Stunde
Backzeit: 20-28 Minuten

FÜR DEN TARTEBODEN

250 g Mehl + mehr zum Arbeiten
125 g Butter + mehr für die Form
50 g Zucker
1 Eigelb
1 Prise Salz
300 g getrocknete Bohnen oder Linsen zum Blindbacken

FÜR FÜLLUNG UND DEKO

2-3 Gläser Lemon Curd (800 g)
2 Stängel Minze (wer mag)
75 g Baisers

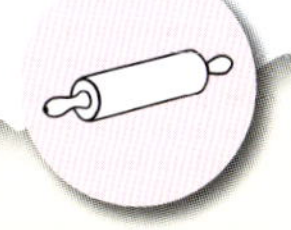

SO GEHT'S:

1. Verknete für den Teig Mehl, Butter, Zucker, Eigelb und Salz mit den Händen in einer Schüssel möglichst rasch zu einem kompakten Teig. Er sollte nur so kurz wie möglich geknetet werden, bis alle Zutaten zusammengefügt sind, damit er schön mürbe wird. Dann kommt der Teig abgedeckt für 1 Stunde in den Kühlschrank.

2. Heize den Ofen bei Ober-/Unterhitze auf 180 Grad vor und fette die Tarteform mit Butter ein.

3. Rolle zwei Drittel des Teigs mit dem Nudelholz auf einer leicht bemehlten Arbeitsfläche rund aus und lege ihn auf den Boden der Form. Rolle den übrigen Teig mit den Händen zu einer langen Rolle. Lege sie am Rand der Form entlang an den Teigboden und drücke sie gleichmäßig an.

4. Schneide ein rundes Stück Backpapier (32 cm Durchmesser) zurecht und lege es auf den Boden. Fülle die Bohnen oder Linsen ein. Jetzt wird der Boden 15 Minuten »blindgebacken«, also ohne Füllung. Hol die Form heraus und entferne die Bohnen oder Linsen mit dem Backpapier. Schieb den Boden noch mal für 5-8 Minuten in den Ofen, bis er goldbraun ist.

5. Löse den abgekühlten Tarteboden vorsichtig aus der Form und setze ihn auf eine Platte. Verteile den Lemon Curd darauf und streiche ihn glatt.

6. Wasche die Minze und zupfe die Blätter ab. Zerbrösle die Baisers mit den Fingern grob über der Tarte und dekoriere sie mit Minzeblättchen. FERTIG!

Wie hat es dir geschmeckt? ☆☆☆☆☆

Einfache Picknick-Snacks

NA, WIE HOCH KÖNNT IHR EUER TÜRMCHEN STAPELN?

Sandwichtürmchen

FÜR 4 STÜCK

Zubereitungszeit: 15 Minuten

12 Scheiben Toastbrot
2 Tomaten
2 Kugeln Mozzarella
Salz, Pfeffer
2-3 EL Basilikum-Pesto
8 Blätter Basilikum
4 große Zahnstocher

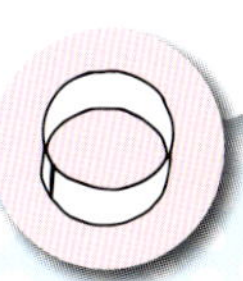

SO GEHT'S:

1. Stich aus den Toastscheiben mittig mit einem Ausstecher oder Glas je einen großen Kreis aus. Du kannst die Kreise anschließend im Toaster kurz toasten, das ist aber kein Muss.

2. Wasche die Tomaten und schneide sie und den Mozzarella in Scheiben. Bestreue die Tomaten mit Salz und Pfeffer und bestreiche den Mozzarella mit ein wenig Pesto.

3. Jetzt geht's ans Türmen: Schichte Toastkreise, Mozzarella und Tomaten übereinander. Toppe die Türmchen mit Basilikumblättern und stecke sie mit einem Zahnstocher fest. Jetzt kannst du sie in eine Box verpacken und zum Picknick mitnehmen.

TIPP

Aus den Brotresten kannst du Croûtons machen. Einfach würfeln und in etwas Butter oder Olivenöl anrösten. Die schmecken toll in einem Salat oder über eine Suppe gestreut.

Yummy

Erdbeergläschen

FÜR 4 GLÄSER

Zubereitungszeit: 15 Minuten
Marinierzeit: 30 Minuten

2 Stängel Minze
½ Zitrone
250 g Erdbeeren
1 EL Honig
150 g Mascarpone
150 g Magerquark
1 TL Vanillezucker
2 EL Zucker

1x

SO GEHT'S:

1. Wasche die Minze, tupfe sie trocken und zupfe die Blätter ab. Presse den Saft der Zitrone aus. Wasche die Erdbeeren, befreie sie vom Grün und schneide sie in Viertel. Anschließend mischst du sie mit Zitronensaft und Honig. Lass die Erdbeeren 30 Minuten lang marinieren. Das wird lecker!

2. Verrühre anschließend Mascarpone, Quark, Vanillezucker und Zucker und schichte die Creme und die Erdbeeren abwechselnd in Gläser. Verschließe sie und ab damit in den Kühlschrank.

3. Vor dem Servieren kannst du das Schichtdessert mit Minzeblättchen dekorieren. Das sieht sehr hübsch aus.

Wie hat es dir geschmeckt? 

FÜR 8-10 WAFFELN AM STIEL

Zubereitungszeit: 25 Minuten
Backzeit: 10 Minuten

FÜR DIE WAFFELN

100 g weiche Butter
75 g Zucker
1 Prise Salz
2 Eier
250 g Mehl
1 TL Backpulver
100 g Apfelmus
75 ml Milch
Pflanzenöl zum Backen
8-10 Holzstiele

FÜR DIE DEKO

1 Packung Vollmilch-Kuchenglasur
1 EL bunte Zuckerstreusel
1 Handvoll gemischte Beeren
2 EL Zucker

Waffeln am Stiel

SO GEHT'S:

1. Schlage die Butter mit Zucker und Salz mit dem Handrührgerät in einer Schüssel in 3 Minuten schaumig. Gib anschließend unter Rühren die Eier einzeln dazu und mixe jedes 1 Minute unter. Mische nun auch Mehl, Backpulver, Apfelmus und Milch unter.

2. Heize das Waffeleisen vor, streiche es mit etwas Öl ein und gib die Hälfte des Teiges hinein. Lege an jedes Herz oder an jedes Viertel einen Holzstab in den noch rohen Teig. Schließe den Deckel und back die Waffeln goldbraun, dann noch einmal mit dem restlichen Teig wiederholen.

3. Teile die Waffeln nach dem Abkühlen in die einzelnen Herzen bzw. Viertel. Lass die Kuchenglasur nach Packungsanleitung schmelzen und verziere die Waffeln damit. Lass sie nur ganz kurz antrocknen und streue die bunten Streusel darüber. Wasche die Beeren, tupfe sie trocken und verpacke sie zusammen mit den Waffeln in einer Box. Beim Picknick servierst du dann alles zusammen. LECKER!

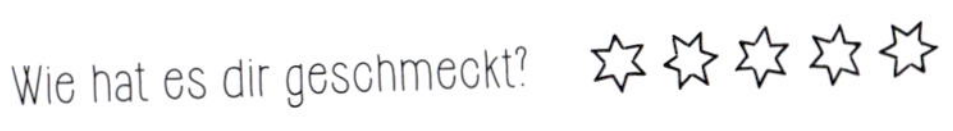

Bester Nudelsalat

FÜR 4 PORTIONEN

Zubereitungszeit: 25 Minuten
Garzeit: ca. 10 Minuten

FÜR DEN SALAT

250 g Nudeln (deine Lieblingssorte)
Salz
2 EL Pinienkerne
1 Kugel Mozzarella
200 g Kirschtomaten
1 Handvoll Baby-Spinat (oder Rucola)
6 Blätter Basilikum

FÜR DAS DRESSING

4 EL Weißweinessig
1 TL milder Senf
1 TL Honig
4 EL Gemüsebrühe (oder Wasser)
4 EL Olivenöl
Salz, Pfeffer

5x

SO GEHT'S:

1. Koche die Nudeln in reichlich gut gesalzenem Wasser bissfest (die Garzeit findest du auf der Packung). Gieße sie anschließend in ein Sieb und schrecke sie unter kaltem Wasser ab.

2. Röste die Pinienkerne ohne Fett in einer Pfanne goldbraun an. Vorsicht: Sie verbrennen ganz schnell! Also immer schön wenden und im Auge behalten. Gib sie anschließend zum Abkühlen auf einen Teller.

3. Würfle den Mozzarella. Wasche und viertle die Tomaten. Brause den Spinat kurz ab und schüttle ihn trocken. Wasche das Basilikum und tupfe es trocken.

4. Gib die Zutaten für das Dressing in ein Schraubglas und verschließe es gut. Und jetzt schütteln: Shake it, Baby!

5. Schichte die Nudeln, die Tomaten, den Mozzarella und die Salatblätter in 4 Einmachgläser und verteile Pinienkerne und Basilikum darauf. Nimm das Dressing im Schraubglas mit zum Picknick. Kurz vor dem Servieren verteilst du es in den Gläsern. Dann verschließt du diese und schüttelst sie, bis alles gut vermischt ist.

Wie hat es dir geschmeckt? 

Pizzaschnecken

FÜR 12 STÜCK

Zubereitungszeit: 25 Minuten
Backzeit: 20-25 Minuten

etwas Olivenöl für das Blech
1 kleine Zucchini
1 Rolle Pizzateig (aus dem Kühlregal)
1 Glas Tomatensauce (200 g; manchmal schon beim Pizzateig dabei)
200 g Reibekäse
1 kleines Glas Mais
Salz, Pfeffer

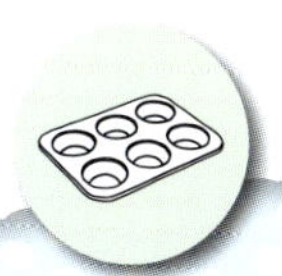

SO GEHT'S:

1. Heize den Ofen bei Ober-/Unterhitze auf 220 Grad vor. Fette die Mulden eines Muffinblechs mit Olivenöl ein.

2. Wasche die Zucchini, schneide die Enden ab und reibe die Zucchini auf einer Küchenreibe zu groben Raspeln.

3. Rolle den Pizzateig aus und bestreiche ihn mit der Tomatensauce. Streue zwei Drittel vom Käse, den abgetropften Mais und die Zucchiniraspel darüber. Würze alles mit Salz und Pfeffer und rolle den Teig von der langen Seite her auf.

4. Schneide von der Rolle 12 gleich große Stücke ab und lege sie in die Muffinmulden. Bestreue die Pizzaschnecken mit dem übrigen Käse und backe sie 20–25 Minuten. Lass sie abkühlen und verpacke sie anschließend für das Picknick in einer Vorratsbox.

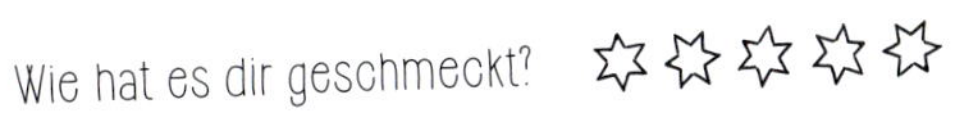

Cute Cakes

FÜR 16 STÜCK

Zubereitungszeit: 20 Minuten
Backzeit: 15 Minuten

FÜR DIE KUCHEN

16 Waffelbecher
½ Bio-Zitrone
150 g Mehl
75 ml Pflanzenöl
75 g Zucker
1 Ei
1 Prise Salz
1 gehäufter TL Backpulver

FÜR DIE DEKO

1 Packung weiße Kuchenglasur
pinke Lebensmittelfarbe (fettlöslich)
1 EL bunte Zuckerstreusel

SO GEHT'S:

1. Heize den Ofen bei Ober-/Unterhitze auf 180 Grad vor und setze die Waffelbecher auf ein Backblech. Presse den Saft aus der Zitrone aus.

2. Verrühre Mehl, Öl, Zucker, Ei, Salz, Backpulver und Zitronensaft mit dem Handrührgerät in einer Schüssel. Verteile den Teig gleichmäßig mit einem Löffel auf die Waffelbecher und backe die Kuchen 15 Minuten. Hol sie heraus und lass sie abkühlen.

3. Lass anschließend die Kuchenglasur nach Packungsanleitung schmelzen. Rühre etwas Lebensmittelfarbe unter, bis die Glasur schön pink leuchtet. Tauche die Kuchen kopfüber hinein, lass sie nur ganz kurz antrocknen und streue die bunten Zuckerstreusel darüber. Zum Transport kommen die Kuchen in eine Box, in der sie aufrecht stehen können.

Gruselig leckeres Halloween

OLIVEN-
AUGEN
KÄSE-
BANDAGEN

FÜR 4 PORTIONEN

Zubereitungszeit: 20 Minuten
Backzeit: 15 Minuten

1 Rolle Pizzateig (aus dem Kühlregal)

etwas Mehl zum Arbeiten

4 Scheiben Käse

1 Glas Tomatensauce (200 g; manchmal schon beim Pizzateig dabei)

einige schwarze Olivenringe

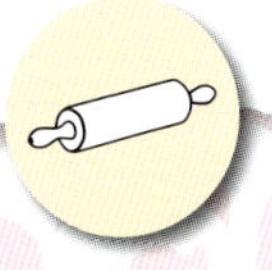

Mumien-Mini-Pizza

SO GEHT'S:

1. Heize den Ofen bei Ober-/Unterhitze auf 230 Grad vor und lege ein Backblech mit Backpapier aus.

2. Entrolle den Pizzateig auf der bemehlten Arbeitsfläche und stich mit einem Glas möglichst dicht an dicht Kreise aus. Verteile diese auf dem Backblech. Knete anschließend die Teigreste zusammen, rolle sie mit einem Nudelholz auf der Arbeitsfläche aus und stich weitere Kreise aus, bis der Teig aufgebraucht ist.

3. Schneide den Käse in schmale Streifen. Verstreiche die Tomatensauce auf den Teigkreisen, lege je 2 Olivenringe als Augen auf und den Käse wie ein Gitter über die gesamte Oberfläche, damit es wie eine mit Verband eingewickelte Mumie aussieht.

4. Backe die Mumien etwa 15 Minuten und serviere sie schnell, bevor sie fliehen können!

BLUT-
ORANGEN-
DRINK
RAND AUS
ZUCKER-
SCHRIFT
Litschi

Halloween-Drink

FÜR 4 GLÄSER à 200 ml

Zubereitungszeit: 10 Minuten

schwarze Zuckerschrift
etwas Zucker
½ Zitrone
400 ml Blutorangensaft
400 ml Tonicwater
4 Litschis

SO GEHT'S:

1. Bereite zuerst die Gläser vor. Spritze dafür die schwarze Zuckerschrift am Glasrand entlang und verteile auch etwas davon an den Innenseiten des Glases. Gib etwas Zucker auf einen flachen Teller und tauche den bemalten Glasrand hinein.

2. Presse den Saft der Zitrone aus und verteile ihn zusammen mit dem Blutorangensaft auf die Gläser. Gieße dann alles mit Tonicwater auf.

3. Schäle nun die Litschis und entferne je ein Stück Fruchtfleisch, sodass der Kern sichtbar wird. Dadurch sehen die Litschis auf einmal aus wie Augäpfel. Gib je eine Litschi als »Auge« in den Cocktail. GRUSELIG!

Wie hat es dir geschmeckt? ☆☆☆☆☆

TIPP

Falls du schwarze Zuckerschrift zu Hause hast, kannst du damit auch R.I.P auf die Sargdeckel schreiben oder sie mit Spinnen verzieren. Iiiiih!

Schaurige Plätzchen

FÜR 6 STÜCK

Zubereitungszeit: 30 Minuten
Kühlzeit: 1 Stunde
Backzeit: 15 Minuten

250 g Mehl + mehr zum Arbeiten
125 g Butter
125 g Puderzucker
1 Prise Salz
1 Stück Karton
150 g Himbeerkonfitüre
weiße Zuckerschrift
1 Gefrierbeutel

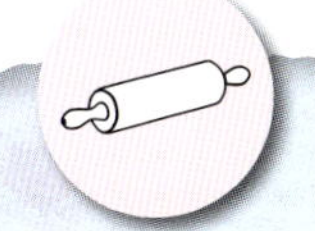

SO GEHT'S:

1. Verknete Mehl, Butter, Puderzucker und Salz mit den Händen in einer Schüssel rasch zu einem glatten Mürbeteig. Stell ihn abgedeckt für 1 Stunde in den Kühlschrank.

2. Inzwischen kannst du eine Sarg-Schablone (11 × 7 cm) aus Karton ausschneiden. Unten findest du eine praktische Vorlage dafür!

3. Heize anschließend den Ofen bei Ober-/Unterhitze auf 180 Grad vor und lege ein Blech mit Backpapier aus.

4. Rolle den Teig auf einer leicht bemehlten Arbeitsfläche etwa 3 mm dünn aus. Schneide mithilfe der Schablone 12 Särge daraus aus. Verteile 6 Särge auf dem Blech und gib je 1 TL Himbeerkonfitüre darauf (nicht verstreichen!). Pikse die übrigen Särge mehrfach mit einer Gabel ein. Alternativ kannst du auch ein Kreuz mittig einschneiden. Platziere sie auf den Särgen auf dem Blech. Drücke die Ränder mit einer Gabel an und backe die Kekse 15 Minuten. Nun müssen sie gut abkühlen, bevor du weitermachst.

5. Verziere mit der Zuckerschrift die Kekse in Form von Spinnweben. Fertig ist das Gruselgebäck!

Sarg-Schablone

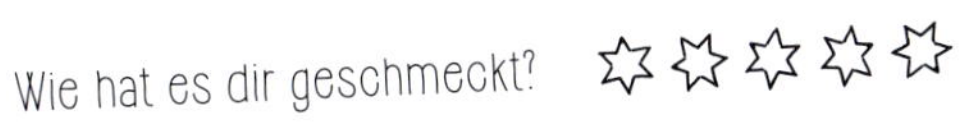

Wuhuuu!

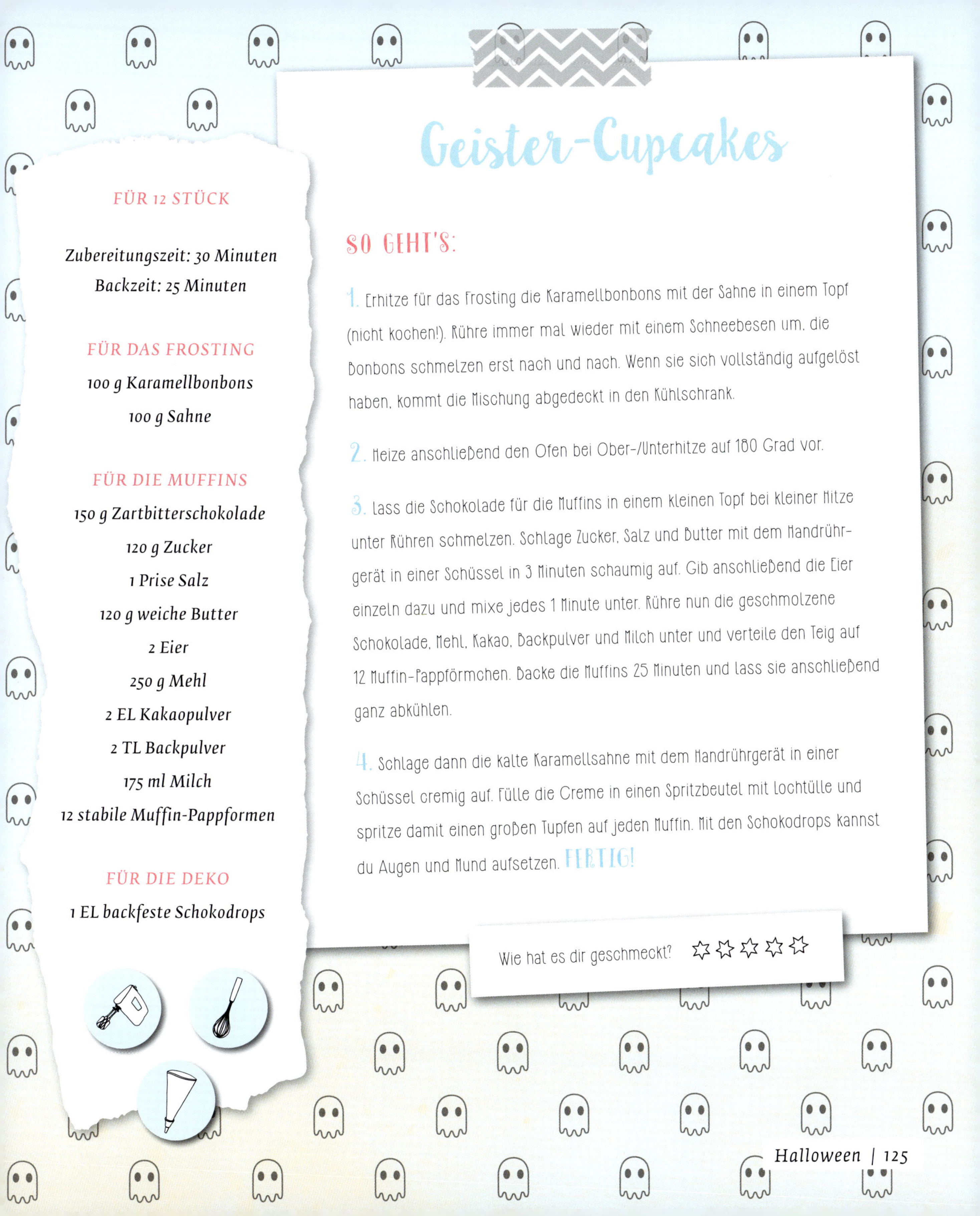

Geister-Cupcakes

FÜR 12 STÜCK

Zubereitungszeit: 30 Minuten
Backzeit: 25 Minuten

FÜR DAS FROSTING

100 g Karamellbonbons
100 g Sahne

FÜR DIE MUFFINS

150 g Zartbitterschokolade
120 g Zucker
1 Prise Salz
120 g weiche Butter
2 Eier
250 g Mehl
2 EL Kakaopulver
2 TL Backpulver
175 ml Milch
12 stabile Muffin-Pappformen

FÜR DIE DEKO

1 EL backfeste Schokodrops

SO GEHT'S:

1. Erhitze für das Frosting die Karamellbonbons mit der Sahne in einem Topf (nicht kochen!). Rühre immer mal wieder mit einem Schneebesen um, die Bonbons schmelzen erst nach und nach. Wenn sie sich vollständig aufgelöst haben, kommt die Mischung abgedeckt in den Kühlschrank.

2. Heize anschließend den Ofen bei Ober-/Unterhitze auf 180 Grad vor.

3. Lass die Schokolade für die Muffins in einem kleinen Topf bei kleiner Hitze unter Rühren schmelzen. Schlage Zucker, Salz und Butter mit dem Handrührgerät in einer Schüssel in 3 Minuten schaumig auf. Gib anschließend die Eier einzeln dazu und mixe jedes 1 Minute unter. Rühre nun die geschmolzene Schokolade, Mehl, Kakao, Backpulver und Milch unter und verteile den Teig auf 12 Muffin-Pappförmchen. Backe die Muffins 25 Minuten und lass sie anschließend ganz abkühlen.

4. Schlage dann die kalte Karamellsahne mit dem Handrührgerät in einer Schüssel cremig auf. Fülle die Creme in einen Spritzbeutel mit Lochtülle und spritze damit einen großen Tupfen auf jeden Muffin. Mit den Schokodrops kannst du Augen und Mund aufsetzen. FERTIG!

Wie hat es dir geschmeckt? ☆ ☆ ☆ ☆ ☆

Spuk-Gesichter

FÜR 4 PORTIONEN

Zubereitungszeit: 30 Minuten
Garzeit: 30 Minuten

250 g Basmati-Reis
500 ml Gemüsebrühe
150 g Parmesan
1 kleine Zwiebel
4 Paprikaschoten (in Rot, Gelb und Orange)
3 EL Olivenöl
2 TL getrockneter Oregano
1 Dose stückige Tomaten (400 g)
Salz, Pfeffer, Zucker

SO GEHT'S:

1. Koche den Reis in der Gemüsebrühe bei mittlerer Hitze in 10 Minuten halb gar und schütte ihn dann durch ein Sieb ab.

2. Reibe inzwischen den Parmesan auf einer Reibe zu feinen Flöckchen. Schäle die Zwiebel und würfle sie klein. Wasche die Paprika, schneide jeweils den Deckel ab und entkerne sie. Dann bekommen sie ein Gesicht: Schneide wie bei Kürbissen vorsichtig eckige Augen, eine Nase und einen breiten Mund mit einigen Zähnen aus.

3. Heize den Ofen bei Ober-/Unterhitze auf 200 Grad vor.

4. Erhitze das Olivenöl mit dem Oregano in einer Pfanne und schwitze die Zwiebel darin 2 Minuten an. Gib die stückigen Tomaten dazu und lass die Sauce 5 Minuten köcheln. Jetzt vermengst du Reis, Tomatensauce und die Hälfte des Parmesans in einer Schüssel. Würze das Ganze mit Salz, Pfeffer und wenig Zucker.

5. Nun kommen die Paprikaschoten aufrecht in eine Auflaufform. Fülle die Paprika vorsichtig mit der Reismischung und verteile den übrigen Parmesan auf dem Reis. Deckel auf die Paprika setzen und 1 Schuss Wasser in die Form gießen. Backe die gefüllten Paprika 20 Minuten und serviere sie heiß.

RIP
RIP
RIP

R.I.P. Schoko-Dessert

FÜR 4 PORTIONEN

Zubereitungszeit: 20 Minuten
Kühlzeit: 1 Stunde

FÜR DIE CREME

30 g Kakaopulver
2 EL Puderzucker
150 g Sahne
1 EL Vanillezucker
100 g Mascarpone
3 EL Schokostreusel

FÜR DIE DEKO

8 Kakaokekse mit Cremefüllung
1 verschließbarer Gefrierbeutel
weiße Zuckerschrift
4 Fruchtgummi-Würmer

4x

SO GEHT'S:

1. Siebe für die Creme Kakao und Puderzucker in eine Schüssel. Gib nun Sahne und Vanillezucker dazu und verrühre alles mit einem Schneebesen, bis der Kakao eingearbeitet ist. Mische anschließend den Mascarpone und die Schokostreusel unter. Verteile die Creme auf 4 Gläser und ab damit in den Kühlschrank – dort kühlt sie 1 Stunde durch.

2. Gib inzwischen 4 Kekse für die Deko in einen Gefrierbeutel und verschließe diesen. Nun kannst du die Kekse mit den Fäusten oder einem Nudelholz zu »Erde« zerkrümeln. Attacke! Beschrifte die übrigen Kekse mit der Zuckerschrift wie Grabsteine mit R.I.P.

3. Verteile kurz vor dem Servieren die Krümel auf der Creme und stecke je einen »Grabstein« hinein. Lege die Würmer auf die »Erde«, als würden sie darin herumkriechen. IIIIH! Aber auch lecker ...

Zauberhaftes Weihnachten

Zimtiger Bratapfel

FÜR 4 PORTIONEN

Zubereitungszeit: 20 Minuten
Garzeit: 20 Minuten

4 große Äpfel
3-4 EL Knuspermüsli
1 EL Mandelstifte
1 EL Rosinen
½ TL Zimtpulver
1-2 TL Honig (wer mag)
500 ml fertige Vanillesauce

SO GEHT'S:

1. Heize den Ofen bei Ober-/Unterhitze auf 180 Grad vor.

2. Wasche die Äpfel, schneide einen Deckel ab und entferne das Kerngehäuse vorsichtig mit einem Teelöffel oder Kugelausstecher. Höhle nun den Apfel so weit aus, dass ein etwa 1 cm breiter Rand stehen bleibt.

3. Schneide das ausgehöhlte Apfelfruchtfleisch ganz klein und vermische es in einer Schüssel mit Müsli, Mandeln, Rosinen, Zimt und, wenn du magst, auch etwas Honig.

4. Fülle die Mischung in die Äpfel und setze diese aufrecht in eine Auflaufform. Deckel drauf und ab in den Ofen für 20 Minuten. Serviere die Äpfel direkt aus dem Ofen mit kalter oder warmer Vanillesauce. HMMM!

TIPP

Die Rundung der Zuckerstangen einfach abbrechen und das gebrochene Ende im Brownie verstecken.

Niedliche Weihnachtsbaum-Brownies

FÜR 8 STÜCK

Zubereitungszeit: 30 Minuten
Backzeit: 20 Minuten

FÜR DEN TEIG

125 g Butter
100 g Zartbitterschokolade
2 Eier
80 g brauner Zucker
1 Prise Salz
75 g Mehl
1 Msp. Natron
2 EL Kakaopulver

FÜR DIE GLASUR

150 g Puderzucker
grüne Lebensmittelfarbe (Gel- oder Pulverform)
5-6 TL Zitronensaft
1 Gefrierbeutel

FÜR DIE DEKO

Zuckerperlen und goldene Sterne
8 gerade Zuckerstangen

20 cm

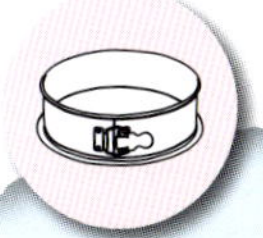

SO GEHT'S:

1. Heize den Ofen bei Ober-/Unterhitze auf 170 Grad vor. Bespanne den Boden der Springform mit Backpapier (siehe Seite 10).

2. Lass für den Teig Butter und Schokolade in einem Topf bei kleiner Hitze unter Rühren schmelzen. Schlage Eier, Zucker und Salz mit dem Handrührgerät in einer Schüssel in 5 Minuten dickschaumig auf. Siebe Mehl, Natron und Kakao darüber, gib die Butter-Schoko-Mischung dazu und rühre alles glatt. Fülle den Teig in die Form und backe ihn 20 Minuten. Herausholen und gut abkühlen lassen.

3. Siebe anschließend für die Glasur den Puderzucker in eine Schüssel. Rühre ein wenig Lebensmittelfarbe und tröpfchenweise Zitronensaft unter, bis ein dickflüssiger, leuchtend grüner Guss entstanden ist. Fülle die Glasur in einen Gefrierbeutel und schneide unten eine winzige Ecke ab.

4. Entferne den Springformrand vom Kuchen und schneide diesen in 8 Tortenstücke. Schneide am runden Ende die Rundung ab, sodass gerade Dreiecke entstehen. Den Rest musst du wohl naschen – ups!

5. Spritze nun die Glasur von der Spitze aus in Wellen auf jedes Brownie-Dreieck. Verziere das Ganze mit Zuckerperlen als Kugeln und goldenen Sternen und steche in jeden »Tannenbaum« unten noch eine Zuckerstange als Baumstamm ein.

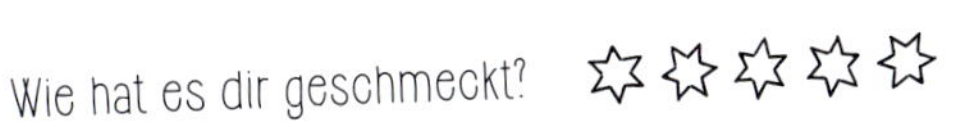

MASCARPONE-
CREME
LEBKUCHEN-
KRÜMEL

Lebkuchentiramisu

FÜR 4 PORTIONEN

Zubereitungszeit: 20 Minuten
Kühlzeit: 1 Stunde

10-12 Lebkuchen (mit oder ohne Glasur)
250 g Mascarpone
50 ml Orangensaft
1 EL Vanillezucker
1-2 EL Zucker
100 g Joghurt
ca. 100 ml Milch
1 EL Kakaopulver
1 TL Zimtpulver
2 EL Preiselbeeren aus dem Glas

SO GEHT'S:

1. Zerkrümle die Lebkuchen mit den Fingern in eine Schüssel. Verrühre den Mascarpone mit Orangensaft, Vanillezucker, Zucker und Joghurt mit dem Schneebesen in einer zweiten Schüssel.

2. Gib 1 EL Lebkuchenkrümel in je ein Glas und beträufle sie mit je 1 EL Milch. Verteile anschließend je 2 EL Mascarponecreme darauf. Wieder mit Lebkuchen bedecken und mit Milch beträufeln. Schichte auf diese Weise alle Zutaten weiter in die Gläser, bis alles verbraucht ist. Zum Schluss kommt eine Cremeschicht darauf.

3. Mische Kakao und Zimt in einer kleinen Schale und siebe die Mischung über die Creme. Dann kommt das Ganze für 1 Stunde zum Durchziehen in den Kühlschrank.

4. Verteile kurz vor dem Servieren die Preiselbeeren auf dem Tiramisu.

Wie hat es dir geschmeckt? ☆ ☆ ☆ ☆ ☆

TIPP

Wer keine Preiselbeeren mag, kann auch andere Früchte nehmen. Gewürfelte Orangen, Mandarinen oder Cranberrys passen sehr gut.

»Wir nehmen
gerne Zuckerstangen mit
Pfefferminzgeschmack,
sie verleihen dem Kakao ein
minzig-frisches Aroma. :)«

Zuckerstangenkakao

FÜR 2 PORTIONEN

Zubereitungszeit: 10 Minuten

100 g Sahne
400 ml Milch
4 TL Kakaopulver
2 TL Mini-Marshmallows und weihnachtliche Zuckerdeko
2 Zuckerstangen

SO GEHT'S:

1. Schlage die Sahne mit dem Handrührgerät in einer Schüssel steif. Erhitze die Milch in einem Topf und rühre das Kakaopulver mit einem Schneebesen ein.

2. Verteile den Kakao auf 2 schöne Becher, am besten welche mit weihnachtlichen Motiven! Gib die Sahne darauf und bestreue alles mit Marshmallows und Deko. Stecke zum Servieren eine Zuckerstange in jeden Becher. Sie schmilzt nach und nach im Kakao und süßt ihn so. GENIAL!

Wie hat es dir geschmeckt? 

TIPP

Wenn du Zuckeraugen und -nasen verwendest, kannst du sie in den noch nicht ganz getrockneten Schokoüberzug drücken.

Rentier-Cake-Pops

FÜR 20 STÜCK

Zubereitungszeit: 30 Minuten
Kühlzeit: 15 Minuten

350 g Spekulatius
50 g weiße Schokolade
50 ml Orangensaft
100 g Mascarpone
ca. 40 Mini-Salzbrezeln
150 g Vollmilch-Kuchenglasur
20 Cake-Pop-Stiele
rote, weiße und schwarze Zuckerschrift (oder 20 Paar Zuckeraugen und 30 rote Zuckerkugeln)

SO GEHT'S:

1. Zerkrümle den Spekulatius mit den Fingern möglichst fein in eine Schüssel. Schneide die Schokolade klein und gib sie zusammen mit dem Orangensaft und dem Mascarpone zu den Spekulatiuskrümeln in die Schüssel – alles vermischen! Forme aus der Masse mit den Händen 20 Kugeln, lege sie auf einen Teller und ab damit für 15 Minuten in den Kühlschrank!

2. Lass die Kuchenglasur nach Packungsanleitung schmelzen. Tauche je einen Cake-Pop-Stiel nur ein kleines Stück weit in die Glasur und stecke ihn direkt in eine der Kugeln. Stell die Kugeln noch einmal kurz kalt, bis die Glasur fest ist. Das ist wichtig, damit die Kugeln später nicht von den Stäbchen rutschen.

3. Erwärme die restliche Glasur noch einmal und tauche anschließend die Kugeln ganz ein, bis sie schön überzogen sind. Lass sie etwas abtropfen und stecke links und rechts je ein Brezel-Geweih hinein. Die Cake Pops kommen nun zum Trocknen in ein Glas oder in einen Cake-Pop-Ständer. Verpass ihnen anschließend noch mit der Zuckerschrift Augen und rote Nasen im Rudolph-Style.

Wie hat es dir geschmeckt? 

Käse-Sterntaler

FÜR ETWA 30 STÜCK

Zubereitungszeit: 20 Minuten
Kühlzeit: 30 Minuten
Backzeit: 20 Minuten

50 g Parmesan
50 g Cheddar
1 Zweig Rosmarin
150 g Mehl + mehr zum Arbeiten
75 g Butter
75 g Crème fraîche
2 Prisen Salz

SO GEHT'S:

1. Reibe beide Käsesorten und mische sie. Wasche den Rosmarin, zupfe die Nadeln ab und hacke sie klein.

2. Verknete nun Mehl, Butter, Crème fraîche, Salz, Rosmarin und die Hälfte des geriebenen Käses in einer Schüssel mit den Händen zu einem glatten Mürbeteig. Stell ihn abgedeckt für 30 Minuten in den Kühlschrank.

3. Heize im Anschluss den Ofen bei Ober-/Unterhitze auf 200 Grad vor und lege 2 Bleche mit Backpapier aus.

4. Rolle den Teig auf einer leicht bemehlten Arbeitsfläche 3 mm dünn aus und stich daraus mit Keksausstechern Sterne aus. Verteile diese mit Abstand zueinander auf den Backblechen. Knete anschließend die Teigreste zusammen, rolle sie erneut aus und stich weitere Sterne aus, bis der Teig aufgebraucht ist. Bestreue die Sterne mit dem übrigen geriebenen Käse.

5. Backe die Käseplätzchen nacheinander in 10 Minuten goldbraun. Auf dem Blech gut abkühlen lassen und dann in einer Dose aufbewahren.

Familien-rezepte

TIPP

Du kannst die Pizzatorte natürlich mit allem belegen, worauf du Lust hast. Zucchinistücke, Paprikastreifen oder Oliven sind auch lecker!

FÜR 12 STÜCKE

Zubereitungszeit: 30 Minuten
Backzeit: 4 x 10 Minuten
1 x 25–30 Minuten

Pflanzenöl für die Form
4 Rollen Pizzateig (aus dem Kühlregal)
etwas Mehl zum Arbeiten
1 Glas Mais
1 Glas Champignons
3 Gläser Tomatensauce (200 g; manchmal schon beim Pizzateig dabei)
400 g Reibekäse

Adrians Pizzatorte

SO GEHT'S:

1. Heize den Ofen bei Ober-/Unterhitze auf 180 Grad vor. Bespanne den Boden einer Springform mit Backpapier (siehe Seite 10) und fette den Rand der Form leicht ein. Lege ein Blech mit Backpapier aus.

2. Entrolle 1 Pizzateig auf der bemehlten Arbeitsfläche und schneide daraus einen Kreis in Größe der Springform aus. Schneide aus den anderen 3 Teigen Kreise aus, die je 1–2 cm kleiner sind, und schneide aus dem übrigen Teig einen langen Streifen zurecht.

3. Lege anschließend den großen Teigkreis in die Springform und bilde mit dem Teigstreifen einen Rand. Drücke diesen gut am Teigboden fest. Nun kommt die Form für 10 Minuten in den Ofen.

4. Gib anschließend einen kleineren Teigkreis auf das Blech und backe auch ihn 10 Minuten. Dann kommen nacheinander die beiden anderen für je 10 Min. in den Ofen. Den Ofen danach nicht ausschalten!

5. Lass inzwischen Mais und Champignons in einem Sieb abtropfen.

6. Jetzt geht's ans Schichten: Bestreiche den Boden in der Form mit Tomatensauce, verteile dann etwas Käse darüber und belege das Ganze mit Mais und Champignons. Darauf kommen eine vorgebackene Teigplatte und wieder Sauce, Käse, Mais und Champignons. Wiederhole das noch zweimal und schließe mit einer Schicht Käse ab.

7. Backe nun die Pizzatorte 25–30 Minuten, lass sie danach ein bisschen auskühlen, löse den Rand von der Form und schneide die Torte in Stücke.

Wie hat es dir geschmeckt? ☆☆☆☆☆

Mit flüssigem Kern!

Izzys Küchlein mit flüssigem Kern

FÜR 6 PORTIONEN

Zubereitungszeit: 15 Minuten
Backzeit: 12 Minuten

etwas Butter für die Förmchen
2 Eier
2 Eigelb
1 TL Vanilleextrakt (kannst du auch weglassen)
450 g Dulce de Leche (Milch-Karamell-Creme; die findest du in größeren Supermärkten)
35 g Mehl

SO GEHT'S:

1. Heize den Ofen bei Ober-/Unterhitze auf 220 Grad vor und fette 6 Mulden des Muffinblechs mit Butter ein oder lege sie mit Papierförmchen aus.

2. Schlage Eier, Eigelb und Vanilleextrakt mit dem Handrührgerät in einer Schüssel in 1 Minuten sehr cremig auf. Rühre anschließend die Dulce de Leche vorsichtig, aber gleichmäßig mit dem Schneebesen unter. Siebe das Mehl dazu und hebe es ebenfalls unter.

3. Fülle den Teig in die Förmchen und backe ihn etwa 10–12 Minuten, sodass der Kern noch leicht flüssig bleibt. Dann ganz vorsichtig aus den Mulden stürzen und warm servieren – HMMM!

Wie hat es dir geschmeckt? ☆ ☆ ☆ ☆ ☆

MIT JOGHURT-KRÄUTER-DIP
»Die leckeren Laibchen waren schon immer Vikis Lieblingsessen.«

VIKIS OMA

Elisabeths Hirselaibchen

FÜR 4 PORTIONEN

Zubereitungszeit: 20 Minuten
Gar- und Backzeit:
ca. 15 Minuten

FÜR DIE LAIBCHEN

200 g Hirse
ca. 400 ml Gemüsebrühe
½ Zwiebel
2 EL Olivenöl
1 Ei
50 g Reibekäse
Salz, Pfeffer

FÜR DIE SAUCE

150 g Joghurt
200 g saure Sahne
1 EL Schnittlauchröllchen
Kräutersalz, Pfeffer

SO GEHT'S:

1. Bringe die Hirse mit der Brühe in einem Topf zum Kochen und lass sie 5 Minuten köcheln. Danach etwas abkühlen lassen.

2. Schäle inzwischen für die Laibchen die Zwiebel und würfle sie klein. Erhitze 1 EL Olivenöl in einer Pfanne und schwitze die Zwiebel darin 2 Minuten an.

3. Vermische Hirse, Ei, Käse, Zwiebel, Salz und Pfeffer mit den Händen in einer Schüssel und forme daraus kleine Bällchen. Drücke sie zwischen den Händen vorsichtig etwas flach, so bekommst du kleine Frikadellen.

4. Erhitze erneut 1 EL Olivenöl in einer großen Pfanne und backe die Laibchen darin von beiden Seiten knusprig an.

5. Verrühre alle Zutaten für die Sauce in einer Schale und serviere sie zu den Laibchen.

Willis Pasta speciale

SO GEHT'S:

1. Koche die Nudeln in reichlich gut gesalzenem Wasser bissfest (die Garzeit findest du auf der Packung).

2. Inzwischen kannst du den Knoblauch schälen und fein hacken und die getrockneten Tomaten in 1 cm große Stücke schneiden. Erhitze in einer großen Pfanne 2 EL vom Öl von den getrockneten Tomaten und röste darin die Semmelbrösel mit dem Meerrettich 5 Minuten an. Würze das Ganze mit 1 Prise Salz.

3. Die Brösel-Mischung kommt nun in einer Schale auf die Seite. Erhitze noch mal etwas Öl von den Tomaten in der Pfanne und brate den Knoblauch darin kurz an. Gib anschließend den Thymian, wenn du magst, ein paar Chiliflocken und die getrockneten Tomaten dazu. Und umrühren! Wenn die Mischung zu trocken ist, kannst du etwas von dem Kochwasser der Nudeln dazugeben.

4. Gieße dann die Nudeln ab und gib sie zusammen mit der Brösel-Mischung in die Pfanne zu den Tomaten. Vermische alles gut. **FERTIG!**

Wie hat es dir geschmeckt? ☆ ☆ ☆ ☆ ☆

FÜR 4 PORTIONEN

Zubereitungszeit: 25 Minuten
Garzeit: ca. 10 Minuten

500 g Nudeln (am besten lange Röhrennudeln - also wie Spaghetti, aber mit Loch in der Mitte)
Salz
1 Knoblauchzehe
1 Glas getrocknete Tomaten
60 g Semmelbrösel
2 EL Meerrettich (Steirer Kren, frisch gerieben oder sonst aus dem Glas)
½ EL frische Thymianblättchen
Chiliflocken (wer mag)

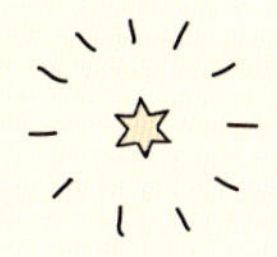

FLUFFIG, KNUSPRIG, BUNT – SUMMARY

Welches Rezept hast du als Erstes aus dem Buch ausprobiert?

Seite

Was würdest du für deine Familie zubereiten?

Seite

Welchen Snack musst du unbedingt mit deiner/m BFF zusammen kreieren?

Seite

Welches Rezept wirst du vermutlich nie ausprobieren?

Seite

TOP 3 – die leckersten Gerichte aus diesem Kochbuch

1

2

3

Du hast etwas
NACHGEBACKEN?
Mach unbedingt ein Foto,
druck es aus und
klebe es hier ein.

GLOSSAR

Du findest bei jedem Rezept in den Kreisen kleine Illustrationen, die dir zeigen, welche Küchengeräte du noch zusätzlich benötigst. Damit du dich schnell zurechtfindest, erklären wir dir hier die Symbole:

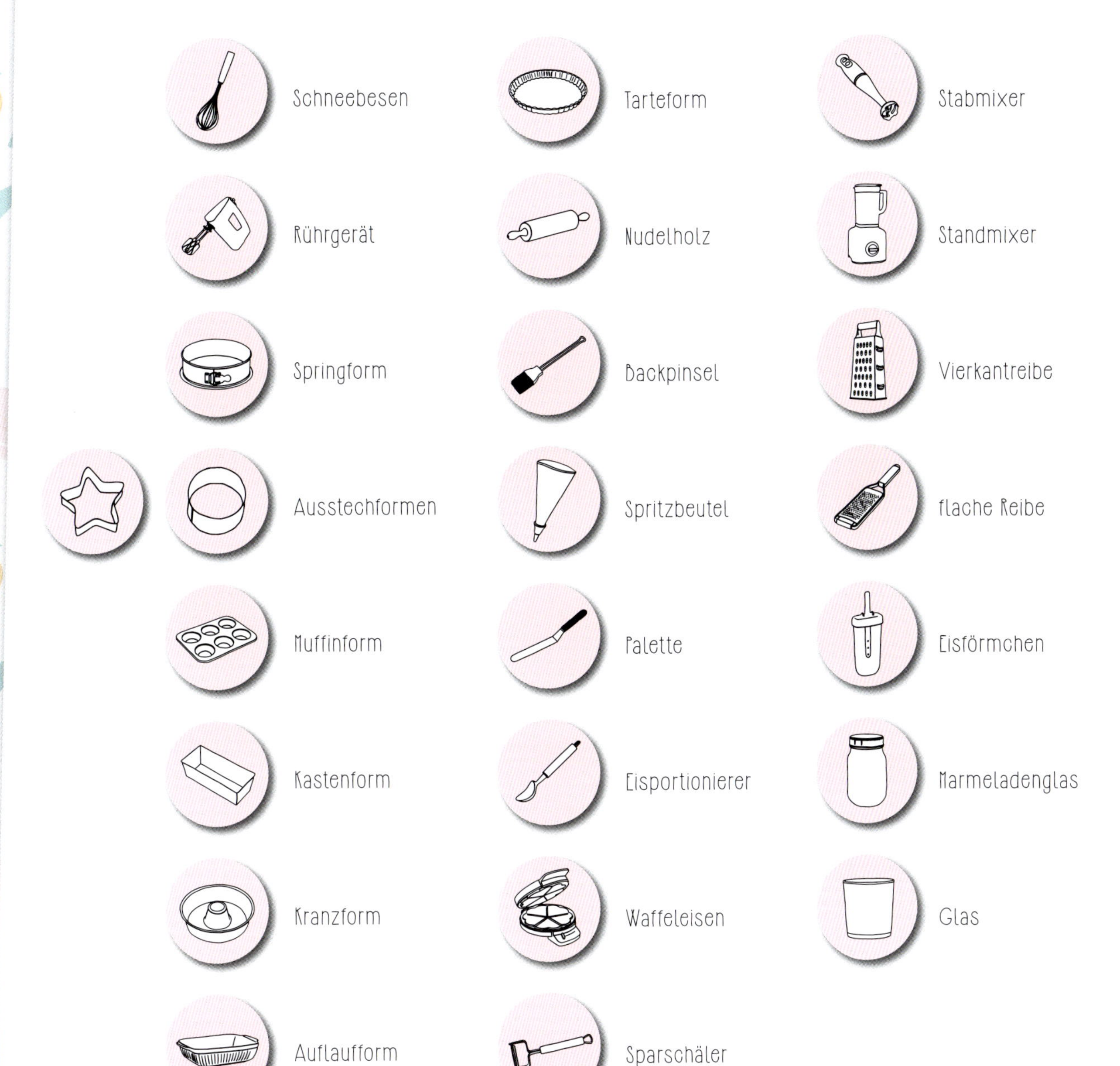

Schnelle **HACKS** & coole **IDEEN** für deine nächste Party:

MUFFINFÖRMCHEN als Snackschalen benutzen. Das sieht superniedlich aus und ist gleichzeitig sehr praktisch. Nüsse, Popcorn oder Früchte sehen darin einfach toll aus.

WAFFEL-BAR! Stelle einen Tisch bereit und bereite darauf alles vor, was man für leckere Waffeln braucht: eine Schale mit Teig (siehe Seite 109), ein Waffeleisen und jede Menge Toppings und Saucen, wie Schokosauce, Schokolinsen, bunte Streusel und Früchte. Dann kann sich jeder Gast an der Waffelbar bedienen und seine eigene Traumwaffel kreieren.

WASSERMELONE zur Schale machen: Eine halbierte ausgehöhlte Wassermelone kann man easy als Schale umfunktionieren – zum Beispiel, um einen leckeren Obstsalat zu servieren. Oder wie wäre es mit einer fruchtigen Bowle darin?

COOKIE-DIY-PARTY an Halloween! Backe Kekse in gruseligen Formen: Geister, Kürbisse, Katzen … (ein Teigrezept findest du auf Seite 23). Besorge jede Menge Dekomaterial wie Zuckerschrift, Zuckerperlen und Keksglasur. Auf der Party könnt ihr dann gemeinsam die Kekse verzieren und vernaschen.

PHOTO-BOOTH-Station! An Weihnachten kommt die ganze Familie zusammen. Wann, wenn nicht dann, ist der beste Zeitpunkt für neue Familienfotos gekommen? Alles, was ihr dafür braucht, sind ein schlichter Hintergrund, eine Kamera oder ein Handy auf einem Stativ und lustige Partyhütchen oder andere Verkleidungen. Und Action!

LUFTBALLON-GIRLANDE

Supereasy, aber mit einem tollen WOW-Effekt!

»Easy! Dafür brauchst du nicht mal Helium!«

SO GEHT'S:

1. Überlege dir ein Farbschema, das zur übrigen Deko passt, und puste ganz viele Luftballons in diesen Farben auf. Achte darauf, dass die Ballons am Ende unterschiedliche Größen haben. Das war auch schon der schwierigste Teil.

2. Jetzt musst du nur noch mit Nadel und Faden alle Ballons auffädeln: Schneide dir ein ausreichend langes Stück Garn zurecht, ziehe es durch die Nadel und verknote das Ende.

3. Stich jetzt mit der Nadel durch das unaufgepustete, verknotete Ende der Ballons und fädele nacheinander die verschiedenen Farben und Größen auf.

4. Mit doppelseitigem Klebeband kannst du die Girlande noch drapieren und arrangieren, wie es dir gefällt.

5. Anschließend nur noch im Raum aufhängen und alle werden staunen. Cool, oder?

BUCHSTABENKEKSE statt Namensschilder

Jeder kennt die klassischen Namensschilder, aber wieso nicht in essbar?

SO GEHT'S:

1. Bereite einen Butterkeksteig zu, wie du ihn auch von Weihnachtsplätzchen kennst. Du kannst dafür auch das Rezept von Seite 123 verwenden.

2. Nun brauchst du Buchstabenausstecher (im Internet wirst du auf jeden Fall fündig). Je nachdem, wie viele Gäste du erwartest, kannst du entweder für jeden nur den Anfangsbuchstaben zubereiten oder den ganzen Namen.

3. Nach dem Backen können die Kekse noch hübsch verziert werden. Lege die Kekse für jeden Gast auf seinen Teller und alle werden ihre Plätze finden.

MINI-WIMPELGIRLANDE aus Strohhalmen und Washi-Tape

»Die perfekte Tortendeko!«

SO GEHT'S:

1. Schneide eine Schnur oder etwas Geschenkband in der gewünschten Länge ab. Knote die beiden Enden an jeweils einen Strohhalm.

2. Die Wimpel kannst du ganz einfach aus Washi-Tape basteln: Schneide dir dafür mehrere gleich lange Stücke ab. In die Mitte der klebenden Seite muss das Band platziert werden. Und nun einfach zusammenkleben.

3. Für die niedliche Wimpelform noch von den beiden unteren Ecken leicht schräg zur Mitte eine Ecke rausschnieden. Sieht doch toll aus, oder?

EINHORN-GESCHENKTÜTCHEN

SO GEHT'S:

1. Alles, was du brauchst, sind einfarbige Papiertüten, buntes Bastelpapier, eine Schere, einen schwarzen Filzstift und Papierkleber.

2. Schneide aus dem bunten Papier 1 Horn, 2 Ohren und ein paar Blümchen aus.

3. Platziere alle Ausschnitte auf dem Tütchen und klebe sie fest. Mit dem Filzstift kannst du noch kleine Details und die Augen hinzufügen. So ein hübscher Hingucker!

Verrückte Essenskombinationen

Was davon hast du schon probiert?

Wenn du dich erst einmal traust, findest du auf diesen Seiten vielleicht deinen neuen Lieblingssnack. Vielleicht aber auch dein Top-1-Hass-Gericht. Einfach mal ausprobieren. Bewerte mit Sternen!

♥ Anstatt Butter zur Marmelade aufs Brot zu schmieren, kannst du die Butter gegen **FRISCHKÄSE** tauschen. Das ist gleich viel geschmacksintensiver und supercremig. ☆ ☆ ☆ ☆ ☆

♥ Hast du schon mal daran gedacht, **KUCHEN** in eine Schüssel zu geben und Milch drüberzuschütten? Es gibt Menschen, die schwören darauf und lieben diese Kombi zum Frühstück oder als Snack zwischendurch. ☆ ☆ ☆ ☆ ☆

♥ Salzige **BREZELN** in Nuss-Nugat-Creme dippen. Klingt komisch, aber die salzig-süße Kombi ist mehr als lecker. ☆ ☆ ☆ ☆ ☆

♥ **PEANUTBUTTER-UND-JELLY**-Sandwich: In Amerika ist es keine Seltenheit, einen Marmeladentoast zusätzlich mit Erdnussbutter zu bestreichen. Vielleicht schmeckt es dir ja auch? ☆ ☆ ☆ ☆ ☆

♥ **KARTOFFELPUFFER** schmecken nicht nur salzig, sondern auch als süße Variante mit Apfelmus. ☆ ☆ ☆ ☆ ☆

♥ Eine Spezialität in Österreich: **RÜHREI** mit Kürbiskernöl. Hört sich komisch an und sieht auch ein bisschen eigenartig aus, da das Öl grün ist – schmeckt aber traumhaft! ☆ ☆ ☆ ☆ ☆

♥ Hast du schon mal **POMMES** in einen Milchshake getaucht und gegessen? Viele lieben diese Kombi, andere können nichts damit anfangen. Zu welcher Gruppe gehörst du? ☆ ☆ ☆ ☆ ☆

♥ **APFEL** mit **ERDNUSSBUTTER** schmeckt besser, als es sich anhört. Oder wenn du ein Bananenfan bist, kannst du das Nussmus auch dazu naschen. ☆ ☆ ☆ ☆ ☆

ENTWEDER ODER?

Wofür entscheidest du dich?

OBST oder GEMÜSE

KOCHEN oder BACKEN

SÜß oder HERZHAFT

SCHOKOLADENTORTE oder FRUCHTSCHNITTE

FRÜHSTÜCK oder MITTAGESSEN

STILLES oder SPRUDELNDES WASSER

ALLEINE oder GEMEINSAM KOCHEN

TOASTBROT oder VOLLKORNBROT

CHIPS oder GUMMIBÄRCHEN

KONFITÜRE oder SCHOKOAUFSTRICH

PIZZA oder BURGER

Top 5 deiner lieblingsessen

1

2

3

4

5

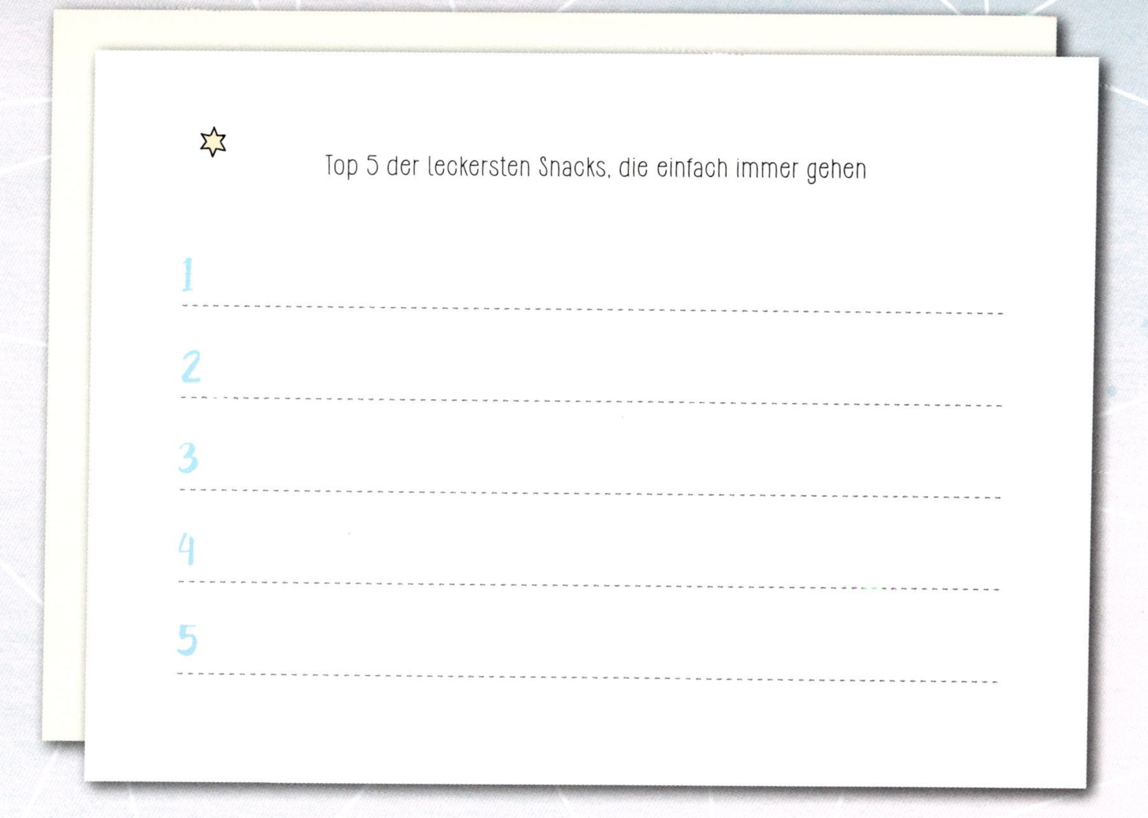
Top 5 der leckersten Snacks, die einfach immer gehen
1
2
3
4
5

Top 5 der leckersten Getränke ever
1
2
3
4
5

WAS DAVON HAST DU SCHON ZUBEREITET?

Mousse au Chocolat JA NEIN

Mehrstöckige Torte JA NEIN

Kürbiscreme-Suppe JA NEIN

Ein komplett veganes Gericht JA NEIN

Lasagne JA NEIN

Ein Spargelgericht JA NEIN

Einen grünen Smoothie JA NEIN

Abendessen für mehr als 4 Personen JA NEIN

WAS DAVON HAST DU SCHON GEGESSEN?

Cronuts (eine Mischung aus Donut und Croissant) JA NEIN

Crème brulée JA NEIN

Schnecken (das ist ein traditionelles Gericht in Frankreich) JA NEIN

Sushi JA NEIN

Pizza mit gefülltem Käserand JA NEIN

Paella (das ist eine spanische Reispfanne) JA NEIN

Bubble Tea JA NEIN

Franzbrötchen (ein typisches Zimtgebäck aus Hamburg) JA NEIN

FÜR

Backzeit:

Ofentemperatur:

SO GEHT'S:

Wie hat es dir geschmeckt? ☆☆☆☆☆

FÜR

Backzeit:

Ofentemperatur:

SO GEHT'S:

Wie hat es dir geschmeckt? ☆ ☆ ☆ ☆ ☆

FÜR

Backzeit:

Ofentemperatur:

SO GEHT'S:

Wie hat es dir geschmeckt? ☆☆☆☆☆

IMPRESSUM

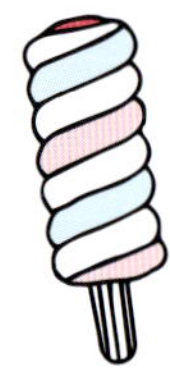

Fluffig, knusprig, bunt

4. Auflage

Weyerstraße 88–90
50676 Köln

Texte: ViktoriaSarina
Projektleitung & Redaktion: Jessica Kleppel
Redaktionelle Unterstützung: Susann Kreihe
Lektorat: Franziska Sorgenfrei
Layout, Design, Illustrationen & Satz: © BUCH & DESIGN Vanessa Weuffel
Fotos: © Katrin Winner www.katrinwinner.de, außer S. 161: © Mariia (stock.adobe.com) und Autorensticker: © Hannes Loske
Foodstyling: Gerlinde Hans
Gesetzt aus der Hipsterish Pro © Hello I'm Flo, DK Innuendo © David Kerkhoff und der Fedra Serif © Peter Bil'ak.

Das Werk wurde vermittelt von Studio71.

Gesamtherstellung: Community Editions GmbH

ISBN 978-3-96096-216-8

Printed in Latvia

www.community-editions.de